NOUVELLES LEÇONS DE LECTURE COURANTE

Ouvrage disposé d'après un plan nouveau

POUR INITIER LES COMMENÇANTS A L'ÉTUDE DE LA LANGUE FRANÇAISE.

Par MM. CREUTZER & WIRTH

Inspecteurs de l'Enseignement primaire

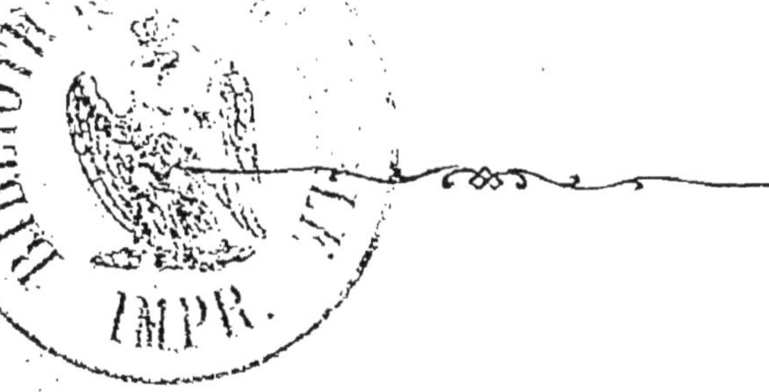

METZ

M. ALCAN, LIBRAIRE-ÉDITEUR

rue de la Cathédrale, 1.

PARIS

LIBRAIRIE Paul DUPONT

rue Jean-Jacques Rousseau, 41

STRASBOURG

LIBRAIRIE DERIVAUX

rue des Hallebardes, 25

1869

Metz, imp. de Ch. Thomas, rue Jurue, 1.

PRÉFACE.

« Celui qui aurait le talent de composer un petit
» ouvrage court, naïf, amusant, et instructif à la fois,
» sans termes obscurs, sans notions abstraites, à la
» portée des enfants qui commencent à assembler des
» mots et à grouper des phrases, celui-là serait le bien-
» venu et rendrait un grand service à l'instruction
» primaire. Il faudrait pour nos écoles primaires un
» premier livre de lecture courante écrit pour les écoliers
» de campagne et d'un prix modique. » (1)

Sans doute, il existe plusieurs livres de lecture composés spécialement pour le jeune âge, mais ils n'ont été écrits en général que pour des enfants dont l'esprit et les sentiments ont trouvé dans la famille l'occasion de se développer. Ces petits livres mis entre les

(1) M. Jarry, Inspecteur d'Académie, à Lille.

mains des enfants de la campagne ne répondent qu'incomplètement au but qu'il faut se proposer dans les ouvrages de ce genre. Il en est de même des histoires saintes, des livres de contes et d'historiettes qui tiennent lieu de livres de lecture dans la plupart des écoles. Ces traités, excellents au point de vue de l'objet particulier dans lequel ils se renferment, ne peuvent contribuer au développement des idées et à l'étude de la langue, parce qu'ils sont écrits d'un style trop facile et trop uniforme. Aussi les amis de l'enfance sont unanimes à reconnaître la nécessité d'un petit livre approprié aux besoins des masses, instructif, moral et religieux à la fois, mis à la portée de ces jeunes intelligences encore vides d'idées, des enfants qui viennent de quitter le syllabaire.

Savoir lire, c'est avoir entre les mains l'instrument avec lequel l'enfant peut acquérir toutes les autres connaissances, et se perfectionner pendant tout le cours de sa vie. Mais pour cela, il faut de toute nécessité que la lecture ne soit pas un exercice purement mécanique; il faut, au contraire, que, dès le principe, elle soit un sujet de réflexion, un aliment à la pensée, un moyen d'éveiller les idées des enfants et de les habituer à les exprimer; en un mot, il faut que, dès les premières leçons, ils comprennent ce qu'ils lisent. Il n'y a de succès à espérer, sous ce rapport, qu'autant que l'activité des maîtres est secondée par un livre bien choisi et spécialement composé dans ce but.

Les trois quarts de l'enseignement devraient sortir de la lecture et l'étude de la langue doit *pénétrer* toutes les parties du programme; mais, avant tout, cet enseignement doit se trouver dans les leçons de lecture. C'est pourquoi tous les morceaux de ce livre ont été choisis et arrangés pour servir à l'enseignement de la langue.

Il y a deux choses que nous n'avons jamais perdues de vue : la clarté des pensées et des expressions, et l'utilité des matières qu'il devait renfermer. Pour ces motifs nous avons donné la préférence aux morceaux d'une courte étendue dont les sujets fussent intéressants et où les idées sérieuses et utiles fussent présentées adroitement, entourées des agréments qui les font accueillir et goûter. N'a-t-on pas soin d'ajouter du miel aux boissons bienfaisantes pour en déguiser l'amertume et les faire accepter sans répugnance ?

Tout a été gradué avec soin tant pour le fond que pour la forme; on y commence par de très-gros caractères pour continuer par des caractères plus fins, et on a donné au livre assez d'étendue pour que la mémoire ne supplée pas à l'attention dans la lecture simultanée.

Dans la première et la seconde partie les principaux

termes à expliquer sont *en italique*, et cela pour venir en aide au travail préparatoire de l'instituteur et de l'élève. Ce signe particulier frappe l'attention de l'enfant qui fera des efforts pour comprendre les mots difficiles, soit pendant la leçon, soit en dehors de la classe.

Pour faciliter l'intelligence des expressions difficiles et habituer les enfants à ne pas se payer de mots, nous avons mis un glossaire à la tête des morceaux de la seconde partie. Il est essentiel de faire lire ce glossaire avant le morceau, et l'enfant y mettra d'autant plus d'attention qu'il saura que ces explications et ces définitions lui sont nécessaires pour bien comprendre le texte qu'il va lire et qu'il aura à expliquer.

Les notes qui se trouvent au bas de la page dans la troisième partie servent à expliquer les significations des mots et le sens des phrases, et tiennent lieu à l'enfant de la parole du maître. Embarrassés pour le sens des passages difficiles, ils ont recours à ces notes qu'ils consultent plus souvent qu'on ne le croit communément.

Mais n'oublions pas qu'un livre de lecture n'est utile qu'autant qu'on sache s'en servir, qu'on parvienne à saisir l'esprit de l'auteur, à découvrir sa méthode ou à y appliquer les meilleurs procédés en usage. Quels que soient les procédés qu'il emploie, l'instituteur ne perdra jamais de vue qu'il doit savoir tirer de la lecture un triple avantage sous le rapport de l'étude de la langue, du développement des facultés morales et intellectuelles, et des connaissances variées et utiles dont il convient d'orner leur esprit.

« En lecture s'efforce-t-on à faire de cet exercice un » instrument de développement intellectuel? Quand un » morceau a été lu, le maître le relit-il lui-même avec » la prononciation, le son, les inflexions de voix conve- » nables? Adresse-t-il des questions sur le sens de telles » phrases, l'orthographe de tel mot, la portée de telle » expression? » Les instituteurs ne sauraient trop s'attacher à ces termes d'une instruction ministérielle.

Le recueil de fables enfantines qui se trouve à la fin du livre, est destiné à être appris par cœur; on pourra y joindre également un certain nombre de morceaux en prose. Ces exercices de récitation sont trop négligés dans nos écoles, et cependant rien n'est plus utile pour l'étude de la langue. Mais que ces leçons soient de peu d'étendue, qu'elles soient bien comprises et bien récitées, bien comprises surtout. Il faut cultiver tout à la fois l'intelligence et la mémoire des enfants. Aux termes mêmes d'une circulaire ministérielle, « ces exercices » servent à apprendre des mots, des locutions, des tours » de phrase, du style enfin et des idées. »

De cette manière, le jeune écolier compose son dictionnaire de tête, qui sera plus habituellement consulté que le dictionnaire classique sur lequel il est accoudé. Ajoutons que rien n'est plus utile, au maître comme aux élèves, qu'un bon dictionnaire donnant des définitions nettes et claires.

Quand l'enfant aura été exercé dans ce livre d'après les procédés indiqués, on pourra lui mettre entre les mains le *Choix de lectures pour l'année* par M. Ch. HANRIOT,(1) ouvrage excellent, répandu dans presque toutes les écoles de la France, de la Belgique et de la Suisse française. Il n'est pas de livre de lecture mieux conçu et mieux approprié pour initier les grands élèves à l'étude de la langue, tout en développant leur intelligence, et en leur faisant acquérir d'utiles notions.

LES AUTEURS.

(1) A Paris, chez Delagrave, prix 1 fr. 50. — Chaque semestre se vend séparément au prix de 80 c. — Une partie du maître indique les procédés les meilleurs à suivre pour l'usage de la partie de l'élève.

NOUVELLES LEÇONS
DE
LECTURE COURANTE

PREMIÈRE PARTIE

I

La Lecture.

Justin pleurait toujours quand il fallait prendre sa leçon de lecture. Mais, quoique sa maman fût très-bonne, elle avait le courage de l'*y* forcer malgré ses ***larmes.*** Il fut très-longtemps sans savoir lire, mais à la fin pourtant il parvint à lire comme tout le monde.

Il eut le malheur de se casser la jambe ; il lui fallut *garder le lit* deux mois tout entiers. Pendant tout ce temps, il n'eut d'autre *distraction* que de lire de jolies histoires qu'on lui prêtait.

« Ah ! chère maman ! disait-il, comme vous avez bien fait de ne pas *tenir compte* de mes larmes ! Que je serais à plaindre si je ne pouvais pas lire ! »

Mme CARRAUD.

II

La Petite Souris.

Une petite souris, sortant de son trou, vit une brique suspendue.

« Hé, hé ! dit-elle, voilà une *attrape !* Qu'ils sont malins les hommes ! Ils placent sous une grosse brique trois petites réglettes, à l'une desquelles ils attachent un peu de lard fumé, et ils nomment cela une ***souricière.***

— Je ne suis pas si bête ;

je sais fort bien que, si on mange de ce lard, **pouff!** la pierre tombe et écrase la *gourmande*. Non, non, je vous connais. Mais flairer un peu au lard ne peut pas nuire; cela ne fera pas tomber la pierre. »

Elle approcha, puis de plus près flaira le lard, le heurta du nez, mais **paff!** la souricière se ferma et l'imprudente souris fut écrasée.

LAROUSSE.

III

L'enfant compatissant.

C'était l'hiver, il faisait bien froid.

La terre était couverte de neige et de verglas, et l'on ne pouvait marcher qu'avec peine.

Les enfants sortaient de l'église et traversaient en rang une grande place pour se rendre à l'école.

Un aveugle sortait aussi de la *maison du Seigneur* pour retourner chez lui.

Mais à peine eut-il fait quelques pas qu'il glissa et tomba *lourdement*.

Quelques enfants se mirent à *rire aux éclats*.

Mais le petit Charles sortit des rangs, courut à l'aveugle et l'aida à se relever.

« Appuyez-vous sur moi, bon vieillard, lui dit-il; j'ai le pied ferme et je ne glisserai pas. »

Et il ne quitta le pauvre *infirme* que lorsqu'il l'eut *installé* dans sa *chaumière*.

Charles revint à l'école tout *essoufflé*. Le maître l'appela près de son estrade, lui prit *affectueusement* la main et lui dit : « Charles, vous êtes un brave enfant. »

Et le digne instituteur regarda les autres élèves.

Ceux-ci baissèrent les yeux et *rougirent*.

Pourquoi les autres enfants ont-ils rougi ?

WIRTH.

IV

L'Imprudence.

L'on avait coupé des peupliers au bord d'un ruisseau profond, et ils étaient tombés les uns dans l'eau, les autres en travers du ruisseau. Le petit Théodore, en passant par là, quitta sa mère pour courir sur les troncs d'arbre et passer sur l'autre *rive*, où il voyait des fleurs charmantes; et pourtant sa mère le défendait. Le petit désobéissant fit *un faux pas* et tomba dans l'eau.

La pauvre mère poussa un cri; le grand frère de Théodore se jeta dans le ruisseau et le retira tout *transi* de peur et de froid.

Quand Théodore vit sa mère *pâle* et tout en larmes, il lui promit de ne plus faire d'*imprudence* et de toujours l'écouter.

Mme CARRAUD.

V

Aimez la propreté.

Allons, mes enfants, êtes-vous prêts à partir?

Vous savez que je n'aime pas qu'on me fasse attendre.

— Papa, nous voici tous trois.

— Approchez, que je vous examine.

C'est bien, Adèle, te voilà fraîche comme une rose, et blanche comme la neige.

Et toi, Victor, ton *teint* est un peu brûlé du soleil.

Mais tu n'en es pas moins propre.

Et Raimond, pourquoi ne s'avance-t-il pas ?

Ah ! je vois ce que c'est.

Vous avez raison de vous cacher, monsieur.

Qu'est-ce que c'est que ce visage couvert de *crasse ?*

Et ces mains noires et *terreuses ?*

Nicole, faites chauffer un bain.

Tandis que nous nous promènerons, monsieur aura

le *loisir* de se débarbouiller.

Qu'il reste dans l'eau au moins une heure.

Mme de RENNEVILLE.

VI

Le Printemps.

Après le *triste* hiver vient le joli printemps.

Il ne fait plus froid et la chaleur est douce.

Les arbres et les plantes fleurissent et la terre commence à se couvrir de verdure.

Quel plaisir de se promener alors dans la campagne !

Les oiseaux voltigent d'un arbre à l'autre, construisent leurs nids, *couvent* leurs œufs et remplissent les airs de leurs chants.

Les papillons se montrent dans l'air et les insectes chantent dans les buissons.

Le berger sort avec le troupeau et les brebis broutent l'herbe des champs et les feuilles *naissantes* des haies.

Les agneaux ***bondissent*** autour de leurs mères et font des ***cabrioles.***

Les enfants courent dans les prés pour cueillir les fleurs du printemps. Ils tressent des bouquets avec les violettes, les marguerites, les primevères et d'autres fleurs ***printanières.***

Les vignerons taillent les ***ceps*** et les cultivateurs labourent les champs pour y semer de l'orge ou y planter des pommes de terre. DUPONT.

VII

Sage précaution.

Charles, petit garçon de douze ans, avait *failli se noyer* en se baignant dans la rivière. Un homme qui passait justement par là, avait aperçu le danger et tiré de l'eau notre *étourdi*.

Notre homme recommande au petit *imprudent* d'être plus *circonspect* à l'avenir, et de ne jamais se baigner seul dans les endroits dangereux et ***isolés***.

« Oh! quant à cela, je vous le promets, dit l'enfant à son ***sauveur***, je ***jure*** de ne plus mettre le pied dans l'eau que lorsque je saurai nager. »

Que pensez-vous de la réponse de cet enfant?

WIRTH.

VIII

Le temps.

Le temps passe rapidement. Les heures se changent en jours, les jours en semaines, les semaines en mois, les mois en ***trimestres***, les trimestres en années.

Je vois une rivière; l'eau s'écoule sans s'arrêter; elle ne revient plus sur ses pas.

Le temps ressemble à l'eau de la rivière; il passe et ne revient plus.

La vie de l'homme est courte; mais elle est assez longue pour apprendre des choses utiles et pour faire le bien.

La vie de l'abeille est bien plus courte encore; mais le

petit insecte est toujours occupé; il cueille en été du miel pour sa nourriture en hiver et celle des autres habitants de la *ruche*.

Profitons de notre séjour à l'école pour bien apprendre et devenir des hommes vertueux et instruits.

Enfants de l'école,
Travaillons gaîment,
Chaque instant s'envole;
Profitons du temps!

IX

Ne tourmentez jamais les animaux.

Viens voir, Joséphine, quelque chose de bien ***drôle.***

— Voyons, mon frère.

Voilà une petite bête que je ne connais pas.

— C'est une mouche à qui j'ai ôté les ailes.

Regarde comme elle a l'air ***embarrassé.***

Je le crois bien. Pauvre animal !

C'est bien vilain de lui

avoir fait du mal. Si l'on te coupait les jambes ne serais-tu pas malheureux?

— Sûrement, je ne pourrais plus marcher.

— Et la pauvre bête ne peut plus voler.

Elle n'ira plus chercher sa nourriture.

S'il vient une araignée pour sucer son sang, elle ne pourra plus se sauver.

— Ce n'est qu'une bête.

— Oui, mais c'est Dieu qui l'a faite. Il ne veut pas

qu'on la fasse souffrir. Irais-tu casser les cornes du bœuf qui est dans l'étable?

— Non, car il est plus ***robuste*** que moi.

— Et parce que tu es plus fort qu'une mouche, tu lui fais du mal?

Un homme pourrait donc te ***maltraiter***, parce qu'il est plus grand et plus fort que toi?

— J'ai tort, Joséphine, et je ne ferai plus de mal aux bêtes:

La pauvre mouche!

Je voudrais pouvoir lui rendre ses ailes.

— Vois-tu, mon frère, il est bien facile de faire une méchanceté.

Et il est bien difficile de la réparer.

Mme CARRAUD.

X.

Conte.

La famille était réunie, un soir, à la veillée, autour d'une grande table. Le grand père lisait dans un grand livre, le père *tressait* une corbeille d'*osier*, la mère marquait du linge avec du fil rouge, la grand'mère *filait sa quenouille*, pendant que les enfants, Emile, Jules et Marie, écrivaient leur devoir de classe pour le lendemain. Quand ces derniers eurent fini leur tâche et *serré leurs effets* dans leurs sacs, Emile et Jules dirent à la grand'mère :

— Racontez-nous une histoire, chère grand'maman, une histoire qui nous amuse bien.

Et la grand'mère parla ainsi, tout en faisant tourner le fuseau :

— Une fois, la sauterelle s'en allait à la foire avec la fourmi.

— La rivière se trouva gelée. — Alors la sauterelle sauta et franchit la glace, mais la fourmi ne put. — Et la fourmi dit à la sauterelle : prends-moi sur tes épaules. Je pèse si peu. — Mais la sauterelle dit : fais comme moi, prends ton élan et saute. — La fourmi prit son élan, mais elle glissa et se cassa la jambe.

Glace, glace, les forts devraient être bons et tu es une méchante d'avoir cassé de la fourmi la jambe, la jambette.

— Alors la glace dit : le soleil est bien plus fort que moi, lui qui me fond.

Soleil, soleil, les forts devraient être bons, et tu es un méchant de fondre la glace ; et toi, glace, d'avoir cassé de la fourmi la jambe, la jambette.

— Alors le soleil dit : les *nuées* sont bien plus fortes que moi, elles qui me cachent.

Nuées, nuées, les forts devraient être bons et vous êtes des méchantes de cacher le soleil; toi, soleil, de fondre la glace; et toi, glace, d'avoir cassé de la fourmi la jambe, la jambette.

— Alors les nuées dirent : le vent est bien plus fort que nous, lui qui nous chasse.

Vent, vent, les forts devraient être bons et tu es un méchant de chasser les nuées ; vous, nuées, de cacher le soleil; toi, soleil, de fondre la glace; et toi, glace, d'avoir cassé de la fourmi la jambe, la jambette.

— Alors le vent dit : les murailles sont bien plus fortes que moi, elles qui m'arrêtent.

Murailles, murailles, les forts devraient être bons et vous êtes des méchantes d'arrêter le vent ; toi, vent, de chasser les nuées ; vous, nuées, de cacher le soleil ; toi, soleil, de fondre la glace ; et toi, glace, d'avoir cassé de la fourmi la jambe, la jambette.

— Alors les murailles dirent : le rat est bien plus fort que nous, lui qui nous perce.

Rat, rat, les forts......

Jules. — Mais c'est toujours la même chose, grand'mère.

Grand'mère. — Pas tout à fait, mon enfant. Après le rat vient le chat qui le mange, puis le balai qui frappe le chat, puis le feu qui brûle le balai, puis l'eau qui éteint le feu, puis le bœuf qui se *désaltère* avec l'eau, puis la mouche qui pique le bœuf, puis l'hirondelle qui *happe* la mouche, puis le filet qui prend l'hirondelle, puis....

Emile. — Et ça dure longtemps comme cela ?

Grand'mère. — Autant que l'on veut, parce que si fort que l'on soit, il y en a d'autres plus forts encore. — C'est là un *conte* et non pas une histoire ; mais comme vous voilà grands, je vous raconterai désormais des histoires pour tout de bon, des histoires vraies.

H. FABRE.

XI.

Le Lièvre et la Tortue.

Le lièvre et la *tortue* firent un jour un *pari*. « *Gageons*, dit la tortue, que j'arrive avant vous à ce *but* que vous apercevez là-bas.

— Etes-vous folle, ma commère ? dit le lièvre. — Folle ou non, je parie encore. » Le lièvre n'était pas embarrassé de gagner le pari : il ne se pressa pas. La tortue partit aussitôt que le signal eut été donné. Tandis qu'elle allait son train de *sénateur*, maître lièvre courait de çà, de là dans la plaine. Quand il vit la tortue près du but, il s'élança d'une course rapide ; mais il était trop tard. La tortue arriva avant qu'il eût pu toucher l'endroit marqué.

Cette *fable* nous donne à tous une bonne leçon. Il ne sert à rien de courir ; il faut partir à temps.

GUÉRARD.

DEUXIÈME PARTIE

I.

La Vipère et la Sangsue.

La *vipère* est un serpent *venimeux* dont la morsure peut donner la mort.

Les *vipères* en France se reconnaissent à leurs grandes taches brunes ou noirâtres disposées en *zigzag*.

Les vipères n'ont pas de *dard*, comme le croient les enfants, mais des dents. Elles ne piquent pas, mais elles mordent.

Le *venin* est contenu dans une *vésicule* près des dents, et le reptile le lance dans la morsure qu'il vient de faire.

Doit-on dire la *piqûre* de la vipère ou la *morsure* ?

La *sangsue* est employée en médecine pour tirer du sang aux malades.

C'est un animal très-utile qu'on élève dans des mares.

Un jour la vipère disait à la sangsue : « Nous piquons toutes les deux, et cependant l'homme te recherche et me fuit ; pourquoi cela ?

Pourquoi ? répliqua la sangsue : c'est que ta *morsure* lui donne la mort et que la mienne le guérit.

II

Le Coq et le Renard.

S'ébattre, *prendre ses ébats*, c'est se divertir, s'amuser à courir et à sauter en plein air.

Surprendre quelqu'un par de douces paroles, c'est le séduire, l'attraper par de beaux discours.

Sire, c'est le titre qu'on donne en France aux souverains. On dit *oui*, *Sire*, au lieu de dire *oui*, *Monsieur*.

Quand le coq veut chanter il bat des ailes et ferme les yeux.

Une musique qui flatte agréablement l'oreille est *mélodieuse* ou *harmonieuse*.

L'opposé de *chant mélodieux* est *chant faux*, *discordant*.

Le rossignol chante *mélodieusement*.

Un coq était à *s'ébattre* éloigné de la ferme; près de lui vint un renard, qui le *surprit* par de *douces* paroles : « *Sire*, lui dit-il, *que* vous êtes grand ! Vous avez surtout une voix *sonore*; jamais oiseau ne chanta mieux, si ce n'est votre père, que je connus autrefois.

— Oh! ainsi je puis faire » dit le coq, qui bat des ailes et ferme les yeux pour rendre son chant plus *mélodieux*. A l'instant, le renard s'élance, le saisit et court droit vers la forêt. Il passe par un champ, où des chiens de berger se mettent à sa poursuite.

« Va, dit le coq, crie-leur : Ce coq est à moi, vous n'en aurez rien. » Le renard veut parler ; mais il *lâche* le coq, qui s'envole sur le haut d'un arbre. Le renard, *stupéfait* et *confus*, s'écria : « *Maudite soit la bouche qui parle quand elle devrait se taire ! — Maudit soit,* répondit le coq, *l'œil qui se ferme quand il devrait veiller !* »

MAGASIN PITTORESQUE.

III

Le Loup et le jeune Mouton.

Le *parc* ou *bercail* est une *clôture de claies* où l'on renferme les moutons quand ils couchent dans les champs.

L'*orme* ou *ormeau* est un arbre fort connu qu'on trouve souvent sur les bords des routes.

Un homme *affamé* signifie un homme pressé par la faim.

Un animal *glouton* veut dire un animal *vorace*, avide de chair, gros mangeur.

Les enfants aiment à courir dans les prairies *émaillées*, c'est-à-dire *ornées* de fleurs.

On mange pour *apaiser* la faim et on boit pour éteindre, pour *étancher* la soif.

Des moutons étaient *en sûreté* dans leur *parc*; les chiens dormaient, et le berger, à l'ombre d'un grand *ormeau*, jouait de la flûte avec d'autres bergers voisins. Un loup *affamé* vint, par les fentes de *l'enceinte*, *reconnaître l'état* du troupeau.

Un jeune mouton *sans expérience*, et qui n'avait jamais rien vu, *entra en conversation* avec lui : « Que venez-vous chercher ici? dit-il au *glouton*. — L'herbe *tendre* et *fleurie*, lui répondit le loup. Vous savez que rien n'est plus doux que de paître dans une prairie *émaillée* de fleurs, pour apaiser sa faim, et d'aller *éteindre* sa soif dans un clair ruisseau : j'ai trouvé ici l'un et l'autre. Que faut-il davantage ? J'aime la *philosophie* qui enseigne à se contenter de peu.

— Est-il donc vrai, repartit le jeune mouton, que vous ne mangez point la chair des animaux et qu'un peu d'herbe vous *suffit* ? Si cela est, vivons comme frères et *paissons* ensemble. » Aussitôt le mouton sort du parc dans la prairie, où le *sobre* philosophe le mit en pièces et l'avala.

Défiez-vous des belles paroles des gens qui se *vantent* d'être vertueux. Jugez-en par leurs actions et non par leurs discours. FÉNELON.

IV

La nuit.

La lune et les étoiles éclairent le *firmament*. L'air est frais, les brouillards s'étendent sur les eaux et dans les *vallons*. Les animaux *sauvages*, tels que la fouine et le renard, sortent de leurs *repaires* pour commettre de nouvelles *rapines*. On voit voler çà et là les chauves-souris ; le hibou fait entendre ses cris *lugubres*, les papillons *nocturnes* cherchent leur nourriture. Les rues et les places des villes et des villages sont *désertes*, les portes et les fenêtres sont *closes*. On n'aperçoit que de loin en loin une faible lumière. Ce silence *solennel* n'est interrompu que par le son de l'horloge, l'aboiement des chiens et le bruit des eaux. C'est la nuit.

WIRTH.

V

Anecdote.

Le titre de *maréchal de France* est la plus haute dignité militaire.

Le *maréchal de Saxe* est le nom d'un grand général français du temps de Louis XV.

On appelle quelquefois *capitaine* un grand général qui s'est distingué à la guerre. Napoléon était un grand *capitaine*.

Le *maréchal ferrant* ferre les chevaux. Le *fer à cheval* est un demi-cercle de fer assez épais qu'on cloue au sabot des chevaux.

On dit d'un cheval qui a *perdu un fer*, qu'il *s'est déferré*.

Un cheval *déferré* marche avec peine et use ses sabots.

Un homme qui peut porter de lourds fardeaux possède *une grande force de corps*.

Une chose *extraordinaire* est une chose qui arrive ou qu'on voit rarement.

Un homme qui supporte avec calme de grands malheurs est doué d'une grande *force morale*.

Tout *ouvrier* qui exerce un art mécanique est un *artisan*, tel que le serrurier.

Un *écu de six livres* est une ancienne pièce de monnaie qui valait six francs.

Un *louis* est une ancienne monnaie qui valait 23 francs 55 centimes.

Que valait un *double louis*?

Un jour que le cheval du *maréchal de Saxe* s'était *déferré,* ce *capitaine* s'arrêta dans le premier village où il aperçut un *maréchal-ferrant.* Au moment où celui-ci se disposait à *ferrer* le cheval, le *duc* lui demanda: « Vos fers sont-ils bons, au moins? » L'ouvrier lui en présenta un qui était excellent. Le duc *eut l'air* de l'examiner, puis il le brisa en deux avec ses mains, car il possédait une *force de corps extraordinaire.* « Celui-là ne vaut rien, dit-il en riant. L'*artisan* se mit à l'ouvrage sans répondre. Quand le cheval fut ferré, le duc donna à l'ouvrier une pièce de six *livres*. Celui-ci prend l'écu, l'examine à son tour, le *ploie* entre ses doigts comme un morceau de plomb et dit : « Mon général, cette pièce ne vaut rien. » Le duc remit alors, en souriant un *double louis* au maréchal ferrant, qui fut son *maître* en *tour de force*.

VI

Combat de deux araignées.

J'ai été *témoin* d'un combat entre deux araignées *domestiques* que j'avais enfermées dans un même *bocal*. L'une d'elles, la plus grande, occupait déjà depuis plusieurs jours cette *prison* au haut de laquelle elle s'était filé une toile. A peine *y* eus-je introduit la seconde araignée, que *la maîtresse du logis* fit mine de vouloir se jeter sur elle. Sentant son *infériorité*, la nouvelle venue se mit sur le dos, en étendant ses longues pattes pour repousser l'*ennemie*. Ce *manége* semblait devoir lui réussir; la grosse araignée faisait de *vains* efforts pour atteindre son *adversaire*, car, craignant d'être mordue elle-même, elle se tenait toujours à une certaine distance. La *lutte* durait depuis un quart d'heure, lorsque tout à coup je vis la grosse araignée mordre la petite à la poitrine et s'enfuir aussitôt dans sa toile. La *victime* resta sans mouvement; une *simple* morsure avait suffi pour la tuer.

LEREBOULET.

VII

La Maison.

Un carosse est une voiture à quatre roues, couverte et suspendue.

Quand la *porte* d'une cour est assez grande pour laisser passer des voitures, on l'appelle *porte-cochère*.

Qu'appelle-t-on *escaliers tournants* ?

Le *rez-de-chaussée* est la partie de la maison située au niveau du sol.

Le premier *étage* se trouve au-dessus du rez-de-chaussée.

Que met-on sur l'*étagère* ?

Pourquoi les fenêtres sont-elles *transparentes* et pourquoi les *toitures* sont-elles en *pente* ?

Les parties de la *fenêtre* sont : le *châssis*

ou *dormant*, le *cadre*, la *croisée*, les *vitres* ou *carreaux*, le *mastic*, les *gonds* et les *targettes*.

Un *châssis*, c'est ce qui entoure, ce qui enveloppe. On l'appelle encore *dormant*, parce qu'il est fixé au mur, tandis que les *battants* de la fenêtre peuvent être mis en mouvement.

Voyez-vous cette grande *porte* de la cour? elle est plus grande que toutes les autres, afin que les carrosses y puissent entrer. Cette cour est assez *spacieuse* pour y faire tourner les carrosses avant qu'ils sortent.

Cet escalier est composé de marches basses, afin qu'on puisse monter sans effort; il tourne suivant les appartements et les étages pour lesquels il doit servir.

Les fenêtres, ouvertes de distance en distance, éclairent tout le bâtiment ; elles sont *vitrées*, de peur que le vent n'entre avec la lumière ; on peut les ouvrir quand on veut, pour respirer un air doux dans la *belle saison*.

Le toit est fait pour défendre tout le bâtiment des *injures de l'air*. La charpente est en pointe, afin que la pluie et la neige s'y écoulent facilement des deux côtés. Les tuiles portent un peu les unes sur les autres, pour *mettre à couvert* le bois de la charpente.

Les divers planchers des étages servent à multiplier les logements dans un petit espace, en les faisant les uns au-dessus des autres.

Les cheminées sont faites pour allumer du feu en hiver sans brûler la maison, et pour faire *exhaler* la fumée sans la laisser sentir à ceux qui se chauffent.

Les appartements sont distribués de manière qu'ils ne soient point *engagés* les uns dans les autres ; que toute une famille nombreuse y puisse loger, sans que les uns aient besoin de passer par les chambres des autres. On y voit des cuisines, des *offices*, des écuries, des *remises* de carrosses. Les chambres sont garnies de lits pour se coucher, de chaises pour s'asseoir, de tables pour écrire et pour manger.

FÉNELON.

VIII

Le sifflet.

Babioles, objets de peu d'utilité et de valeur ; jouets d'enfants.

Achat, acquisition de quelque chose à prix d'argent. Celui qui achète est appelé *acheteur* ou *acquéreur*.

Vente, cession de quelque chose à prix d'argent. Le contraire de *acheteur* est *vendeur*.

Donner quelque chose en *échange* c'est *troquer* une chose contre une autre.

Ridiculiser quelqu'un, se moquer de quelqu'un.

Dépit, chagrin mêlé de colère.

Quand j'étais un enfant de cinq ou six ans, mes amis, un jour de fête, remplirent ma petite poche de sous.

J'allai tout de suite à une boutique où l'on vendait des *babioles;* mais, *charmé* du son d'un sifflet que je rencontrai en chemin dans les mains d'un autre petit garçon, je lui offris et donnai volontiers en *échange* tout mon argent. Revenu chez moi, fort content de mon *achat*, sifflant par toute la maison, je fatiguai les oreilles de toute la famille. Mes frères, mes sœurs, mes cousines apprenant que j'avais tant donné pour ce mauvais instrument, me dirent que je l'avais payé dix fois plus qu'il ne valait. Alors ils me firent penser au nombre de choses que j'aurais pu acheter avec le reste de ma monnaie; ils me *ridiculisèrent* tant de ma folie, que j'en pleurai de *dépit;* et la réflexion me donna plus de chagrin que le sifflet de plaisir.

Cette leçon fut cependant par la suite de quelque utilité pour moi, l'impression restant dans mon âme ; aussi, lorsque j'étais tenté d'acheter quelque chose qui ne m'était pas nécessaire, je disais en moi-même : *Ne donnons pas trop pour le sifflet*, et j'épargnais mon argent.

FRANKLIN.

IX

Traitement des animaux.

Une chose *indispensable* est une chose dont on ne saurait se passer.

On appelle *engrais* toutes les matières qui servent à fertiliser la terre.

Un *travait excessif énerve*, c'est-à-dire un travail qui dépasse les forces affaiblit.

Le *charretier* conduit la charrette et le *bouvier* garde les bêtes à corne.

On dit : *brutal* comme un charretier, c'est-à dire *grossier* et *emporté.*

Un animal *ombrageux* s'effraie pour la moindre chose, il a peur de son ombre.

Chien *hargneux*, c'est-à-dire toujours méchant, qui aime à mordre.

Il est un proverbe qui dit : *chien hargneux a toujours les oreilles déchirées.*

On dit d'un animal qu'il est *revêche* ou *rétif* ou *mutin*, quand il est entêté, peu traitable et difficile à gouverner.

Les bestiaux sont indispensables à l'agriculture ; sans bestiaux il n'y a point d'engrais ; sans engrais, la plupart des

des champs ne produiraient presque rien.

Nous devons donc être pour les animaux des maîtres bons et *soigneux*, les traiter avec douceur, leur donner une nourriture *saine, abondante* et bien *réglée*, ne jamais les fatiguer inutilement et *mal à propos*, les tenir propres, ne pas les soumettre à un travail *excessif*, qui finirait par les *énerver* et les faire maigrir.

L'animal domestique, s'il est traité avec bonté, fait volontiers ce qu'on exige de lui ; mais si on le maltraite, il devient *rétif*, *mutin*, dangereux. Les coups de fouet ou *d'aiguillon* ne font que le pousser à la révolte.

C'est être bien méchant et bien

cruel, que de maltraiter un animal qui ne peut pas se défendre. Il y a des *charretiers* et des *bouviers* d'une *brutalité* féroce. Gardez-vous, mes enfants, d'imiter cet exemple *odieux*. Ce sont les mauvais traitements qui rendent le cheval *ombrageux*, la vache *indocile*, le chien *hargneux*, le mulet *revêche*, et qui font que le taureau cherche quelquefois à tuer son gardien. Quand, au contraire, on agit à leur égard avec une douceur *constante*, on n'a qu'à se louer de leur *soumission*.

Une loi, rendue en 1851, *inflige* des *peines* sévères aux personnes qui maltraitent les animaux et qui les frappent sans nécessité.

X

Le futur soldat.

Armand est un jeune garçon qui n'a pas plus de six ans. Il n'a qu'un seul défaut, c'est d'être *poltron*.

L'autre jour, son père tira un coup de fusil sur une bande de moineaux. Armand *tressaillit* et cria comme un perdu en se bouchant les oreilles.

— Diable ! dit le père en riant, tu n'es guère *brave* pour un *futur troupier*.

— Moi, papa ?

— Oui, ne m'as-tu pas dit cent fois que tu voulais être militaire ?

— Militaire, non, mais général.

— Quand *on se bat*, les généraux

ne sont pas plus en sûreté que les soldats.

— Je le sais bien ; aussi, si je veux être général, c'est *général en retraite.*

WIRTH.

XI

L'Enfant espiègle.

Un homme *grave* est un homme *sérieux*, qui agit et qui parle avec circonspection. — A l'église les enfants doivent avoir un maintien *grave.*

Un homme qui remplit des fonctions dans la justice ou dans l'administration est un *magistrat.* Ainsi le *préfet*, le *juge* sont des *magistrats.*

Etre *confus* avoir de la *confusion*, c'est être honteux.

Recevoir *force* gâteaux veut dire *beaucoup* de gâteaux.

Un *commensal* est celui qui mange à la même table avec un autre.

Avoir de la *familiarité*, être *familier*, vivre *familièrement* avec quelqu'un, c'est vivre dans l'*intimité*, *en user librement* avec quelqu'un. — Ne soyez pas *familiers* avec les *enfants méchants*.

Un *grave magistrat* réunit un jour à sa table quelques amis. Son fils, jeune enfant de six ans, *s'apprêtait* à s'asseoir près de lui : « Que fais-tu là ? lui dit le père, tu n'as pas encore la barbe assez longue pour dîner avec moi ; retire-toi bien vite. »

L'enfant se retira tout *confus* et s'en alla conter sa peine à sa mère. Celle-ci, pour le consoler, lui fit dresser, à la cuisine, une petite table sur laquelle

elle eut soin de faire servir *force* gâteaux et confitures.

Pendant que l'enfant mangeait, un vieux chat, *commensal habituel* du logis, osa porter sur le petit dîner une patte *audacieuse*.

Indigné d'une telle *familiarité*, l'enfant frappa avec sa fourchette la tête de *l'insolent* et lui dit : « Va-t'en, va-t'en manger avec papa; ta barbe est assez longue.

XII

Parabole de l'enfant prodigue.

Une parabole est un récit qui enseigne une vérité importante au moyen d'une comparaison familière.

— Un homme prodigue est celui qui dissipe

son bien en folles et excessives dépenses. — Enfants ne *prodiguez* pas votre temps.

— Une *région lointaine* est un pays éloigné du pays où l'on est.

— Le *pourceau* est un porc ou cochon. — La femelle du porc s'appelle *truie*, et le mâle *verrat*. — Le *porcher* est celui qui garde les pourceaux.

— Un *mercenaire* est celui qui ne travaille que pour de l'argent.

L'enveloppe de certains légumes, comme les pois, se nomme *cosse*.

— Les *siliques* sont les *cosses* ou *enveloppes* qui contiennent les graines de certaines plantes, telles que le cresson, la giroflée, la cameline, etc.

— Un *chevreau* est le petit encore jeune de la chèvre. — Qu'appelle-t-on *levraut*, *perdreau*, *lionceau*, *louveteau*?

Un homme avait deux fils. Le plus jeune dit un jour à son père : « Mon père, donnez-moi la *portion* de votre bien qui doit me revenir. » Le père fit donc entre ses enfants le partage de son bien.

— Peu de jours après, le plus jeune des fils, ayant rassemblé tout ce qu'il avait, partit pour une *région* étrangère et *lointaine*, et il y dissipa son bien dans une vie d'excès et de débauche.

Après qu'il eut tout consumé, une grande *famine* régna dans cette contrée, et il commença à sentir la faim. Se trouvant sans *ressources*, il fut obligé de *se mettre au service* d'un habitant de ce pays. Celui-ci l'envoya à sa maison des champs pour garder les *pourceaux*. Il fut réduit à une telle *détresse* qu'il enviait, pour apaiser sa faim, les *siliques* que mangeaient les pourceaux ; mais personne ne lui en donnait.

Rentrant alors en lui-même, il dit : Combien de *mercenaires* dans la maison de mon père ont du pain en abondance, tandis que moi je me meurs de faim ici. Je me lèverai donc, et j'irai vers mon père, et je lui dirai : « J'ai péché contre le ciel et contre vous, je ne suis plus digne d'être appelé votre fils. Faites de moi l'un de vos mercenaires. »

Il se leva donc et revint vers son père. Comme il était encore loin, son père le vit, et, touché de compassion, il accourut, se jeta à son cou et le baisa. Et le fils lui disait : « Mon père, j'ai péché contre le ciel et contre vous ; je ne suis plus digne d'être appelé votre fils. » Mais le père dit à ses serviteurs : « Apportez vite sa robe première et revêtez-l'en, et mettez-lui un anneau au doigt et une *chaussure* aux pieds. Allez chercher aussi le veau gras ; tuez-le et mangeons, et réjouissons-nous, car mon fils que voilà était mort, et il revit ; il était perdu, et il est retrouvé. » Et tous commencèrent à manger et à se réjouir.

Or le fils aîné était dans les champs. Comme il revenait et approchait de la maison, il entendit le bruit de la musique et de la danse. Appelant aussitôt un de ses serviteurs, il lui demanda ce que c'était. Le serviteur lui dit : « Votre frère est revenu et votre père a tué le veau gras pour *témoigner* sa joie de l'avoir *recouvré sain et sauf.* » A ces paroles il se *courrouça* et ne voulut point entrer.

Son père étant sorti cherchait à l'apaiser, et le priait de venir prendre place au festin ; mais répondant à son père, il lui dit : « Voilà que je vous sers depuis de *longues* années. Je n'ai jamais manqué à aucun de vos commandements, et jamais vous ne m'avez donné un *chevreau* pour me réjouir en le mangeant avec mes amis. Mais lorsque ce fils qui a dissipé son bien est revenu, vous avez tué pour lui le veau gras. »

Le père répondit : « Mon fils, vous êtes, vous, toujours avec moi, et tout ce que j'ai est à vous. Mais il fallait faire un *festin* et se réjouir, parce que votre frère était mort et il revit ; il était perdu et il est retrouvé. »

(Traduit de l'Évangile de saint Luc).

XIII

Les deux renards.

Deux renards entrèrent la nuit *par surprise* dans un poulailler ; ils étranglèrent le coq, les poules et les *poulets* ; après ce *carnage*, ils apaisèrent leur faim. L'un, qui était jeune et *ardent*, voulait tout dévorer ; l'autre, qui était vieux et avare, voulait garder des *provisions* pour l'avenir. Le vieux disait :

« Mon enfant, l'expérience m'a rendu sage; j'ai vu bien des choses depuis que je suis au monde. Ne mangeons pas tout notre bien en un seul jour. Nous avons *fait fortune* ; c'est un trésor que nous avons trouvé, il faut le *ménager*. » Le jeune répondait : « Je veux tout manger pendant que j'y suis, et me rassassier pour huit jours, car pour ce qui est de revenir ici, *chansons !* il n'y fera pas bon demain ; le maître, pour venger la mort de ses poulets, nous assommerait. »

Après cette *conversation*, chacun prend son parti. Le jeune mange tant, qu'il crève, et peut à peine aller mourir dans son *terrier*. Le vieux, qui se croit bien plus sage de modérer ses appétits et de vivre d'économie, veut, le lendemain, retourner à sa proie, et il est assommé par le maître.

FÉNELON.

XIV

L'enfant et les noisettes.

Un jeune enfant, moitié *gourmand* et moitié *sot*, mit un jour la main dans un vase où l'on conservait des noisettes. Il en prit autant que sa main put en contenir ; mais lorsqu'il voulut la retirer du vase, il ne le put : l'ouverture était trop *étroite*. Il pleurait, se désespérait, ne voulant point *lâcher prise*, et pourtant rien ne venait, ni sa main, ni les noisettes.

« Mon enfant, lui dit alors un vieillard, tu en veux trop ; n'en prends que la moitié, tu l'auras. »

XV

Les Aigles.

Les *oiseaux de proie* ou *rapaces* sont ceux qui se nourrissent de proie vivante ou de chair morte.

L'*aiglon* est le petit de l'aigle.

Les oiseaux de proie sont armés de griffes vigoureuses, *crochues* et *tranchantes;* on les appelle *serres.*

L'*aire* est le nid des grands oiseaux de proie.

Une *bûchette* est une petite *bûche.* Le *bûcher* est le lieu pour scier le bois de chauffage.

Qu'appelle-t-on *bûcheron?*

Flexible se dit de tout ce qui peut être fléchi ou plié aisément. — L'osier est flexible.

Les aigles sont les plus beaux et les plus forts de tous les *oiseaux de proie*. Ils vivent de chasse ou de pêche et ils aiment à *planer* dans les hautes *régions* de l'*atmosphère* où ils *décrivent* avec aisance des *cercles majestueux*. C'est de ces grandes hauteurs qu'ils observent leur proie, et dès qu'ils ont aperçu une victime *à leur convenance*, ils fondent sur elle comme la foudre et l'enlèvent avec leurs *serres puissantes*.

Les aigles établissent leur *aire* sur des rochers ou sur des arbres. Cette aire est quelquefois très-*spacieuse*, au point d'avoir jusqu'à deux mètres de diamètre. Elle est formée de *bûchettes* solidement *entrelacées* avec des branches *flexibles* et couvertes de bruyères et de feuilles. Le même nid sert plusieurs années non-seulement pour élever la jeune famille, mais aussi comme séjour ordinaire du mâle et de la femelle, même après que les *aiglons* ont *pris leur essor*, pour aller s'établir dans un autre *canton*.

Les habitants du pays connaissent ordinairement ces demeures *aériennes* et, quand ils peuvent les *aborder*, il arrive quelquefois qu'ils vont enlever aux jeunes oiseaux les *provisions* que leur apportent leurs parents. On cite même un brave *montagnard* qui nourrit *ainsi* sa famille pendant tout un été. Pour *retarder* le départ des *aiglons*, il avait eu l'idée de leur couper les ailes, pensant avec raison que le père et la mère continueraient à les *fournir abondamment* de gibier.

LEREBOULET.

XVI

Préceptes d'hygiène.

Renouvelez fréquemment l'air de vos *appartements*.

Ne vous enfermez pas en grand nombre dans une chambre trop *étroite*.

Evitez avec soin les refroidissements *subits*.

La propreté est *indispensable* pour jouir d'une bonne santé.

Tenez vos vêtements toujours propres.

Ne portez ni cravates serrées, ni corsets qui *compriment* la poitrine, ni chaussures trop étroites.

Si vous êtes malades, mangez peu, et même mettez-vous *à la diète*.

Si vous êtes *convalescents*, ne mangez que ce qui est *prescrit* par le médecin.

Ne dormez pas en *plein air* sur la terre fraîche, et surtout à l'ombre.

Ne croyez point acquérir des forces en buvant de l'eau-de-vie ; elle les use en paraissant les exciter.

L'habitude des *liqueurs fortes* est funeste.

Si vous voulez avoir un bon estomac, ne le *chargez* pas ; *sobriété*, *régularité*, *simplicité* dans *l'apprêt* des *mets doublent* les forces et *triplent* la santé.

La durée du sommeil doit être de huit heures pour les enfants, de sept heures pour les *adultes*, et de neuf heures pour les vieillards.

Il faut se coucher de bonne heure pour se lever matin. Aucun repos ne peut *suppléer* à celui de la nuit.

N'ayez pas de lits trop *moelleux*; ils sont malsains.

Pendant les grandes chaleurs, mêlez un peu de vinaigre à l'eau qui vous sert de *boisson*.

Gardez-vous, travailleurs des champs, de boire de l'eau des fossés ou des *mares*.

A. Pinet.

TROISIÈME PARTIE

I

L'offrande du pauvre.

Fénelon [1], archevêque de Cambrai, confessait [2] assidûment et indistinctement [3] dans sa métropole [4] toutes les personnes qui s'adressaient à lui. Il y disait la messe tous les samedis. Un jour il aperçut, au moment où il allait monter à l'autel, une pauvre femme fort âgée qui paraissait vouloir lui parler. Il s'approcha d'elle

1 Prélat célèbre par ses écrits et la bonté de son cœur. — 2 Entendre à confesse. — 3 Sans faire de différence entre les riches et les pauvres. — 4 L'église ou la cathédrale affectée à l'Archevêque ou à l'Évêque dans le siége de sa résidence.

avec bonté, l'enhardit [1] par sa douceur à s'exprimer [2] sans craindre.

« Monseigneur, lui dit-elle en pleurant et en lui présentant une pièce de douze sous, je n'ose pas, mais j'ai beaucoup de confiance dans vos prières. Je voudrais vous prier de dire la messe pour moi.

— « Donnez, ma bonne, lui dit Fénelon en recevant son offrande [3] ; votre aumône sera agréable à Dieu. »

Après la messe, il fit remettre à cette femme une somme assez considérable et lui promit de dire une seconde messe le lendemain à son intention.

Maury.

1 Encourager, donner du courage. — 2 A lui parler. — 3 Ce qui est offert pour subvenir au service du culte et aux dépenses de l'église.

II.

Adoration des Mages[1].

Jésus était né à Bethléem, ville de la tribu de Juda, au temps du roi Hérode l'Ascalonite, lorsque des mages vinrent d'orient à Jérusalem. Ils demandèrent : « Où est le roi des Juifs qui vient de naître? car nous avons vu en orient son étoile[2] et nous sommes venus l'adorer. »

Hérode, qui avait usurpé le trône, fut saisi de crainte et toute la ville de Jérusalem avec lui. Il rassembla les princes des prêtres et les docteurs de la loi, pour les consulter sur le lieu où devait naître le Christ, c'est-à-dire le Messie qu'ils attendaient.

1 Personnages distingués venus d'Orient pour adorer Jésus-Christ. On croit qu'ils furent au nombre de trois ; la tradition leur donne le titre de rois. — 2 Ces mages se livraient à l'étude des astres ; ils furent frappés de l'étoile extraordinaire qui marqua la naissance de Jésus-Christ.

Ils répondirent que ce devait être à Bethléem, selon la prédiction du prophète Michée.

Alors Hérode ayant appelé les mages en secret, s'enquit d'eux avec soin du temps auquel l'étoile leur était apparue, et les envoyant à Jérusalem : « Allez, leur dit-il, informez-vous exactement de cet enfant, et lorsque vous l'aurez trouvé, faites-le moi savoir, afin que j'aille moi-même l'adorer. »

Les mages partirent de Jérusalem ; en même temps l'étoile qu'ils avaient vue en orient et qui s'était cachée à eux dans la Judée reparut ; elle les précéda jusqu'à ce qu'étant arrivée sur le lieu où était l'enfant, elle s'y arrêta. Lorsqu'ils revirent l'étoile, ils furent transportés d'une grande joie. Ils entrèrent dans la maison au-dessus de laquelle l'étoile s'était arrêtée ; ils y trouvèrent l'enfant avec Marie, sa mère; et, se prosternant, ils l'adorèrent; puis, ouvrant leurs trésors, ils lui offrirent de l'or, de l'encens et de la myrrhe [1].

Dieu les avertit en songe de ne point aller trouver Hérode et ils retournèrent dans leur pays par un autre chemin.

Evangile de SAINT MATHIEU.

III.

Le Douillet.

Lolo [2] est un petit bonhomme de neuf ans, gros, gras, grand pour son âge, brun, rouge, mangeant bien, dormant bien, se portant à ravir [3]. Mais, hélas! Lolo est douillet [4]. Si une puce le pique, il n'y tient

1 Ces présents sont symboliques; ils se rapportent à la divinité, à la royauté et à l'humanité de notre Sauveur.
2 Diminutif de Louis. — 3 Admirablement bien, à merveille. — 4 Trop délicat, trop facile à incommoder.

plus, il voudrait qu'on prît un fusil à deux coups pour la tuer. — Oh! la la!

Qu'il se coupe tant soit peu [1] avec un morceau de verre ou un instrument tranchant [2], et qu'il voie sortir de sa légère blessure une toute petite perle [3] de sang : Oï, oï, aï, aï, oh! la la! Maman, papa, mon oncle, ma tante, frère, sœur, cousin, cousine, Pierrette, Mariette, venez, venez tous, je me meurs, je suis mort, je perds tout mon sang; et Lolo pâlit, il tremble, il pleure, il crie, il chancelle [4], il tombe sur une chaise. Vite un médecin, un pharmacien, un chirurgien [5], toute la Faculté [6] de Paris; mais c'est bien inutile, car Lolo est blessé à mort; il le dit. Qu'on

1 Légèrement. — 2 Qui tranche, qui coupe comme un couteau. — 3 Une goutte de sang. — 4 Il ne peut plus se tenir sur ses jambes. — 5 Un médecin qui guérit les blessures et les fractures. — 6 Tout le corps des professeurs de médecine.

se prépare donc à l'enterrer, que l'on commande la pierre qui pèsera sur son tombeau avec cette épitaphe [1] :

Ci-gît [2] Lolo le Douillet, mort subitement
d'une égratignure.

Heureusement que le défunt [3] n'est pas mort; car une heure après, il mange, il boit et rit comme si de rien n'était; c'est qu'en effet ce n'était rien, et il n'en maigrit [4] pas. Le père de Lolo, désolé d'avoir un enfant si délicat, si douillet, si poule mouillée [5], avait employé mille expédients [6] pour le guérir de son imagination poltronne.

Un soir, il avait recommandé à la bonne

1 Inscription sur les pierres funéraires ou les monuments des cimetières. — 2 Ici repose, est couché dans la tombe. — 3 Le mort. — 4 Maigrir, devenir maigre. — 5 Homme mou et faible. — 6 Moyens, remèdes.

de ne chauffer que très-légèrement le lit de Lolo, car c'était une habitude prise, bien que mauvaise, de ne le coucher, six mois de l'année, que dans un lit bien bassiné [1]. Cette fois, Lolo se plaignit du froid aux pieds. Son père vint avec une bassinoire qu'il avait remplie de glace et enfoncée dans la neige depuis une heure, et lui demanda s'il avait bien froid.

— Ah ! très-froid, papa : je souffre beaucoup : Oh ! la la !

— Eh bien ! j'ai ici une bassinoire et je vais la passer sur tes draps ; mais retire tes pieds, je pourrais te brûler.

La recommandation était inutile : les pieds de Lolo, en pareil cas, se retiraient toujours presque jusqu'au traversin ; il se crevait [2] les yeux avec ses genoux. —

1 Chauffé avec une bassinoire. — 2 Faire sortir les yeux de leur orbite.

Y es-tu ? — Oui papa, j'y suis. » Alors le père, après avoir fait quelques simagrées [1], poussa vivement la bassinoire, et atteignit la jambe de Lolo.

— Oïe, oïe, aïe, aïe, oh ! la la ! je suis brûlé, je suis cuit, je suis rôti, je suis incendié, s'écria-t-il ; de l'eau, de l'eau pour m'éteindre. Mariette, arrive au secours !

Mais Mariette s'arrêtait à chaque marche de l'escalier, riant de toutes ses forces, se tenant les côtes [2].

Mariette prit Lolo dans ses bras et le porta dans la chambre.

— Eh bien ! lui dit son père, as-tu toujours mal à la jambe ? — Oh ! papa, plus que jamais ; si cela dure, je vois bien qu'il faudra me l'amputer [3] ; j'en mourrai.

1 Faux-semblant. Il fit semblant de bassiner le lit.— 2 Pour pouvoir rire aux éclats. — 3 La couper, faire l'amputation.

Ah! douillet que tu es, reprit alors le père en lui montrant la bassinoire glacée, voici avec quoi je t'ai brûlé, avec de la glace. Lolo, tout confus [1], remonta dans sa chambre, s'enfonça sous les draps et ne pleura plus. Il était corrigé.

ROSIER.

IV.

Le Lièvre.

Qui ne connaît pas le lièvre, cet agile coureur aux longues oreilles? Il n'est pas d'enfant qui ne l'ait vu mainte fois prendre ses ébats [2] au milieu des champs, pendant les courts instants de sécurité [3] que lui laissent les chasseurs.

Le lièvre est un animal doux et extrê-

1 Honteux. — 2 Sauter et courir pour se divertir. — 3 Les quelques moments où sa vie n'est pas exposée, c'est-à-dire pendant la clôture de la chasse.

mement craintif. Il aime la sollitude [1] se tient tapi [2] entre des mottes de terre de la couleur de son corps, dans les sillons des champs, dans les buissons, les taillis [3] ou les touffes d'herbes. Jamais il ne creuse de terrier [4], il se contente de gratter un peu la terre dans l'endroit qu'il a choisi pour gîte [5]. Il sait se garantir contre le mauvais temps en se cachant dans le creux d'un arbre ou derrière une souche [6] pour se mettre à l'abri du vent ou du froid. Il passe la journée entière dans son gîte, accroupi [7] sur ses pattes et dans un état de complète immobilité [8]. C'est aussi le jour qu'il dort, mais

1 Endroit retiré, loin des hommes. — 2 Se cacher derrière quelque chose. — 3 Forêt dont les bois ne sont pas grands. — 4 Abri creusé dans la terre. — 5 Lieu où le lièvre se repose ordinairement. — 6 Bas du tronc d'un arbre, accompagné de ses racines, et séparé du reste de l'arbre. — 7 Assis sur les jambes de derrière. — 8 Sans remuer, sans faire le moindre mouvement.

ses yeux restent ouverts pendant le sommeil et le moindre bruit suffit pour le réveiller. Alors s'il se croit en danger, il détale aussitôt [1] et court de toute la vitesse de ses jambes, ses grandes oreilles rabattues sur la nuque.

C'est vers la chute [2] du jour que le lièvre quitte sa demeure pour chercher sa nourriture et prendre ses ébats. Il mange du blé, de l'herbe, du trèfle et autres plantes fourragères [3], des choux, de la salade, diverses racines, et cause ainsi du dommage à l'agriculture. Les lièvres des forêts ont une préférence marquée pour les plantes aromatiques [4], nourriture qui donne à leur chair un fumet [5] agréable.

1 Il se sauve au plus vite. — 2 Le soir, vers la fin du jour. — 3 Les plantes propres à être employées comme fourrage. — 4 Les plantes qui exhalent une odeur forte et agréable. — 5 Odeur agréable de certaines viandes.

Aussi les lièvres des forêts sont-ils plus recherchés que ceux de la plaine.

Pour échapper à la poursuite des chasseurs et des chiens, il a recours à la ruse. Il ne retourne jamais à son gîte par un chemin direct, et pour faire perdre sa piste [1] il fait des sauts prodigieux. Quand il est serré de près par les chiens, il s'arrête tout à coup et se détourne; ses ennemis ne pouvant arrêter leur élan perdent souvent la trace.

Il sait nager, et en cas de danger il n'hésite pas à traverser des rivières à la nage. On a vu de ces animaux, poursuivis depuis deux heures, aller relancer [2] un autre lièvre dans son gîte, le pousser au chasseur et prendre sa place.

Dans sa fuite, le lièvre se dirigera

1 Traces et vestiges des animaux. — 2 Le forcer à se lever et à courir à sa place.

plutôt vers la montagne que vers la plaine, parce qu'il a sur les chiens l'avantage de ne rien perdre de sa vitesse en montant les pentes escarpées [1]; mais si au contraire il est obligé de descendre, il se dirigera toujours obliquement [2], car autrement la longueur de ses jambes de derrière l'exposerait à de fréquentes culbutes. Quand il se sauve en montant, aucun chien ne peut l'atteindre.

Quand le lièvre est pris vivant, il se débat [3], se défend avec ses pattes et cherche à mordre, en même temps qu'il fait entendre une sorte de grognement. Il ne manque pas de courage dans certaines occasions; on a vu des femelles défendre leurs petits contre les attaques des oiseaux

1 Les côtes rapides, difficiles à monter. — 2 En suivant une ligne inclinée, non en ligne directe. — 3 Il cherche à se défendre.

de proie [1] et des animaux carnassiers [2]. Pour appeler ses petits la mère entrechoque [3] les oreilles, ce qui produit un bruit assez fort.

WIRTH.

V.

L'enfant Jésus parmi les docteurs.

Le père et la mère de Jésus allaient tous les ans à Jérusalem, à la fête de Pâque [4]. Lorsqu'il fut âgé de douze ans, ils y allèrent selon leur coutume et le menèrent avec eux. Les jours de la fête étant passés, ils retournèrent, mais l'enfant Jésus resta à Jérusalem, sans que son père et sa mère s'en aperçussent. Pensant qu'il était avec

1 Oiseaux qui chassent le gibier et s'en nourrissent. — 2 Qui vivent de chair crue, comme les renards. — 3 Frappe l'une contre l'autre. — 4 Le sacrifice de la fête de Pâque était chez les Juifs une cérémonie solennelle à laquelle tout homme valide était tenu d'assister.

quelqu'un de ceux de la compagnie, ils marchèrent durant un jour, mais le soir étant venu, ils le cherchèrent parmi leurs parents et parmi ceux de leur connaissance qui retournaient avec eux. Ne l'ayant point trouvé, ils retournèrent le lendemain à Jérusalem pour l'y chercher. Trois jours après l'avoir perdu, ils le trouvèrent dans le temple [1], assis au milieu des docteurs, les écoutant et les interrogeant. Tous ceux qui l'entendaient étaient surpris de sa sagesse et de ses réponses.

Lorsqu'ils le virent, ils furent remplis d'admiration et sa mère lui dit : « Mon fils, pourquoi avez-vous agi ainsi avec nous ? Voilà que nous vous cherchions, pleins d'inquiétude, votre père et moi. »

— « Pourquoi me cherchiez-vous ? leur

1 Il y avait dans le temple une école où l'on enseignait la loi, et où les docteurs donnaient leurs leçons.

répondit-il. Ne saviez-vous pas qu'il faut que je m'occupe des choses qui regardent le service de mon père ? »

Ils ne comprirent point ce qu'il leur disait, mais sa mère conservait dans son cœur le souvenir de toutes ces choses. Il s'en alla ensuite avec eux et vint à Nazareth [1], et il leur était soumis, croissant en sagesse, en âge et en grâce devant Dieu et devant les hommes.

Evangile de SAINT LUC.

VI.

A demain.

Je labourerai demain mon champ, disait Jeannot : il ne faut pas perdre de temps, car la saison s'avance [2] ; et si je négligeais de cultiver mon champ, je n'aurais

1 Nazareth était à 130 kilomètres de Jérusalem. — 2 La saison de labourer touche à sa fin.

point de blé, et par conséquent point de pain.

Le lendemain arriva, Jeannot était debout [1] dès l'aurore [2]; il songeait déjà à voir sa charrue, lorsqu'un de ses amis vint l'inviter à un festin de famille. Jeannot hésita d'abord; mais en y réfléchissant, il se dit: un jour plus tôt ou plus tard, ce n'est rien pour mon affaire, et un jour de plaisir perdu l'est toujours. Il alla au festin de son ami.

Le lendemain, il fut obligé de se livrer au repos, car il avait un peu trop bu, un peu trop mangé, et il avait mal à la tête et à l'estomac. Demain, nous réparerons cela [3], dit-il en lui-même.

Demain arriva, il plut; Jeannot eut la

1 Etait levé. — 2 Avant le lever du soleil; l'aurore est la lumière qui précède le lever du soleil. — 3 Le temps perdu.

douleur de ne pouvoir sortir de la journée.

Le jour suivant, le soleil était beau, et Jeannot se sentait plein de courage : malheureusement son cheval était malade à son tour. Jeannot maudit la pauvre bête.

Le jour suivant était un jour de fête : on ne pouvait se livrer au travail. Une nouvelle semaine commence, et en une semaine on expédie [1] bien de la besogne [2].

Il commença par aller à une foire des environs ; il n'avait jamais manqué d'y aller ; c'était la plus belle foire à dix lieues à la ronde. Il alla ensuite à la noce d'un de ses plus proches parents ; il alla même à un enterrement ; enfin il s'arrangea si bien que lorsqu'il se mit à labourer son champ,

1 Terminer promptement quelque chose. — 2 De l'ouvrage.

la saison de semer était passée, aussi n'eut-il rien à récolter.

Quand vous avez quelque chose à faire, faites-le tout de suite; car si vous êtes maître du présent, vous ne l'êtes pas de l'avenir. Celui qui remet toujours ses affaires à demain court grand risque de n'en terminer aucune.

GUÉRARD.

VII.

Ma Maison.

Je commence à sentir et aimer plus que jamais la douceur de la vie rustique [1], depuis que j'ai un petit jardin qui me tient lieu [2] de maison de campagne [3]. Je n'ai point de longues allées à perte de

1 La vie des champs, le séjour de la campagne. — 2 Qui remplace pour moi. — 3 Maison que les gens de la ville ont à la campagne pour y passer la belle saison.

vue [1], mais deux petites seulement, dont l'une me donne de l'ombre sous un berceau [2] assez propre, et l'autre, exposée au midi [3], me fournit du soleil pendant une grande partie de la journée, et me promet beaucoup de fruits pour la saison. Un petit espalier [4], couvert de cinq abricotiers et de dix pêchers, fait tout mon fruitier [5]. Je n'ai point de ruches à miel; mais j'ai le plaisir tous les jours de voir les abeilles voltiger sur les fleurs de mes arbres, et, attachées à leur proie [6], s'enrichir du suc qu'elles en tirent, sans me faire aucun tort.

1 Si longues qu'on n'en voit pas la fin. — 2 Maisonnette dans les jardins et faite d'arbres taillés en voûte ou de plantes grimpantes. — 3 Les habitations exposées au midi jouissent longtemps du soleil. — 4 Une suite d'arbres fruitiers étendus contre un mur ou un treillage. — 5 Mon approvisionnement de fruits, où le local où l'on conserve les fruits. — 6 Les fleurs dont les abeilles pompent le suc avec une trompe.

Ma joie n'est pourtant point sans inquiétude [1], et la tendresse [2] que j'ai pour mon petit espalier et pour quelques œillets me fait craindre pour eux le froid de la nuit, que je ne sentirais point sans cela. Il ne manquera rien à mon bonheur si mon jardin et ma solitude [3] contribuent à me faire songer plus que jamais aux choses du ciel [4].

ROLLIN.

VIII.

Le Petit Poucet.

Il y avait une fois un bûcheron et une bûcheronne qui avaient sept enfants, tous garçons. Ils étaient fort pauvres, et leurs

1 Crainte. — 2 Amour tendre. — 3 Lieu où l'on est seul, retiré des autres hommes. — 4 Le salut de l'âme, ce qu'il faut pour gagner la félicité éternelle.

sept enfants les incommodaient [1] beaucoup, parce qu'aucun d'eux ne pouvait encore gagner sa vie. Ce qui les chagrinait en outre, c'est que le plus jeune était fort délicat [2] et ne disait mot; ils prenaient pour bêtise ce qui était une marque de la bonté de son esprit. Cet enfant était fort petit, et quand il vint au monde, il n'était guère plus gros que le pouce : ce qui fit qu'on l'appela le petit Poucet. Ce pauvre petit était le souffre-douleur [3] de la maison, et on lui donnait toujours tort. Cependant il était le plus fin et le plus avisé [4] de tous ses frères, et s'il parlait peu, il écoutait beaucoup.

Il vint une année très-fâcheuse [5]; et

1 Leur étaient à charge. — 2 Faible de constitution. — 3 Celui qui est exposé aux plaisanteries et aux persécutions de tout le monde. — 4 Prudent, circonspect. — 5 De disette.

la famine fut si grande, que ces pauvres gens résolurent de se défaire de leurs enfants. Un soir que ces enfants étaient couchés, et que le bûcheron était auprès du feu avec sa femme, il lui dit, le cœur serré de douleur : « Tu vois bien que nous ne pouvons plus nourrir nos enfants ; je ne saurais les voir mourir de faim devant mes yeux, et je suis résolu de les mener perdre au bois ; ce qui sera bien aisé ; car, tandis qu'ils s'amuseront à fagoter, nous n'avons qu'à nous enfuir sans qu'ils nous voient. — Ah ! s'écria la bûcheronne, pourrais-tu bien toi-même mener perdre tes enfants ? » Son mari avait beau lui représenter leur grande pauvreté, elle ne pouvait se résoudre à se séparer de ses enfants : elle était pauvre, mais elle était leur mère. Cependant, ayant considéré quelle douleur ce lui serait de les voir mourir de faim, elle y consentit, et alla se coucher en pleurant.

Le petit Poucet ouït tout ce qu'ils dirent; car ayant entendu dans son lit qu'ils parlaient d'affaires, il s'était levé doucement, et s'était glissé sous l'escabelle[1] de son père pour écouter sans être vu. Il alla se recoucher, et ne dormit point le reste de la nuit, songeant à ce qu'il avait à faire. Il se leva de bon matin, et alla au bord d'un ruisseau, où il remplit ses poches de petits cailloux blancs, et ensuite revint à la maison. On partit, et le petit Poucet ne découvrit rien de tout ce qu'il savait à ses frères.

Ils allèrent dans une forêt épaisse, où, à six pas de distance, on ne se voyait pas l'un l'autre. Le bûcheron se mit à couper

1 Escabeau, siége de bois sans bras ni dossier

du bois, et ses enfants à ramasser des broutilles [1] pour faire des fagots.

Le père et la mère, les voyant occupés à travailler, s'éloignèrent d'eux insensiblement, et puis s'enfuirent tout à coup par un sentier détourné. Lorsque ces enfants se virent seuls, ils se mirent à crier et à pleurer de toute leur force. Le petit Poucet les laissait crier, sachant bien par où il reviendrait à la maison, car en marchant il avait laissé tomber le long du chemin les petits cailloux blancs qu'il avait dans ses poches. Il leur dit donc : « Ne craignez » point, mes frères; mon père et ma » mère nous ont laissés ici, mais je vous » ramènerai bien au logis, suivez-moi » seulement. » Ils le suivirent, et il les mena jusqu'à leur maison, par le même

1 Menues branches.

chemin qu'ils étaient venus dans la forêt. Ils n'osèrent donc entrer, mais ils se mirent tous contre la porte, pour écouter tout ce que disaient leur père et leur mère.

Dans le moment où le bûcheron et la bûcheronne arrivèrent chez eux, le seigneur du village leur envoya dix écus qu'il leur devait. Cela leur rendit la vie, car les pauvres gens mouraient de faim. Le bûcheron envoya sur l'heure sa femme à la boucherie. Comme il y avait longtemps qu'ils n'avaient mangé, elle acheta trois fois plus de viande qu'il n'en fallait pour le souper de deux personnes. Lorsqu'ils furent rassasiés, la bûcheronne dit : « Hélas! où sont mes enfants, mes pauvres enfants? »

Elle le dit une fois si haut, que les enfants qui étaient à la porte, l'ayant entendue, se mirent à crier tous ensemble :

« Nous voilà, nous voilà ! » Elle court vite leur ouvrir la porte, et leur dit en les embrassant : « Que je suis aise [1] de vous revoir, mes chers enfants ! Vous êtes bien las [2], et vous avez faim ; et toi, Pierrot, comme te voilà crotté ! viens, que je te débarbouille. » Ce Pierrot était son fils aîné.

Ils se mirent à table et mangèrent d'un appétit qui faisait plaisir au père et à la mère ; ils racontaient la peur qu'ils avaient eue dans la forêt, en parlant presque tous ensemble. Ces bonnes gens étaient ravis de revoir leurs enfants avec eux.

PERRAULT.

1 Contente. — 2 Fatigués.

IX.

Les Canards sauvages.

Les canards sauvages nichent [1] dans les marais ou sur le bord des eaux. La femelle arrange sans beaucoup de soin une certaine quantité d'herbes sèches, puis tapisse [2] l'intérieur du nid d'une couche épaisse de duvet [3] qu'elle arrache elle-même de dessous son ventre. Elle dépose dans ce nid bien chaud sept ou huit œufs qu'elle couve [4] avec sollicitude [5] et, dès que ses petits ont vu le jour, elle les conduit à l'eau, les surveille et les dirige constamment, cherchant à les préserver de tout danger.

1 Font leur nid. — 2 Garnit. — 3 *Duvet*, menues plumes bien douces. — 4 Elle se tient sur les œufs jusqu'à ce qu'ils soient éclos. — 5 Avec la plus grande tendresse.

Un chasseur raconte à ce sujet un trait[1] remarquable d'amour maternel [2]. Il avait surpris dans les bois une femelle avec sa jeune couvée [3]. Comme il voulait s'en approcher, la mère fit mine de se défendre en sifflant à la manière des oies et les petits se dispersèrent. Le chien du chasseur, parfaitement bien dressé [4], se mit à la poursuite des canetons [5] et les apporta successivement [6] tous à son maître qui les mit vivants dans sa gibecière [7].

La mère alors, qui n'avait fait que passer et repasser devant le chien comme pour le troubler dans ses recherches, vint

1 Un fait qui est arrivé. — 2 L'amour de la mère pour ses enfants. — 3 Les petits que la femelle a couvés. — 4 Auquel on avait appris comment on pousse le gibier vers le chasseur. — 5 Les petits de la cane. — 6 L'un après l'autre. — 7 Sac de cuir dans lequel les chasseurs mettent le gibier.

d'un air si malheureux se poser tout près du chasseur, par terre, roulant et culbutant presque sous ses pieds, qu'il ne put résister à son désespoir [1].

Il fit coucher son chien, et rendit à la cane son innocente [2] famille et s'éloigna. En se retournant pour l'observer [3], le chasseur crut apercevoir dans les yeux de l'oiseau une expression de gratitude [4] dont il fut vivement touché.

LEREBOULET.

X.

Le Chien du bûcheron Brisquet.

Il y avait un bonhomme, bûcheron de son état, qui s'appelait Brisquet, ou autrement le fendeur à la bonne hache, qui vi-

1 A sa grande douleur. — 2 Les canetons qui n'avaient encore pu faire de mal. — 3 Pour voir ce qu'elle faisait. — 4 Une marque de reconnaissance.

vait pauvrement du produit de ses fagots avec sa femme qui s'appelait Brisquette. Le bon Dieu leur avait donné deux jolis petits enfants, un garçon de sept ans qui était brun et qui s'appelait Biscotin, et une blondine de six ans qui s'appelait Biscotine. Outre cela, ils avaient un chien bâtard, à poil frisé, noir par tout le corps, si ce n'est au museau, qu'il avait couleur de feu; et c'était bien le meilleur chien du pays pour son attachement à ses maîtres.

Vous souvenez-vous du temps où il vint tant de loups dans la forêt de Lions? C'était dans l'année des grandes neiges que les pauvres gens eurent si grand'peine à vivre. Ce fut une terrible désolation [1] dans le pays. Brisquet, qui allait toujours à sa besogne [2], et qui ne craignait pas les

1 Grande affliction, grand malheur. — 2 A son ouvrage.

loups, à cause de sa bonne hache, dit un matin à Brisquette : « Femme, je vous prie de ne laisser courir ni Biscotin, ni Biscotine, tant que M. le grand louvetier [1] ne sera pas venu. Il y aurait du danger pour eux. Ils ont assez de quoi marcher entre la butte [2] et l'étang, depuis que j'ai planté des piquets le long de l'étang pour les préserver d'accident. Je vous prie aussi, Brisquette, de ne pas laisser sortir Bichonne, qui ne demande qu'à trotter. » Brisquet disait tous les matins la même chose à Brisquette. Un soir, il n'arriva pas à l'heure ordinaire. Brisquette venait sur le pas de la porte, rentrait, ressortait, et disait en se croisant les mains : « Mon Dieu, qu'il est attardé [3] !... » — Et puis elle sortait

1 Celui qui est chargé de réunir les chasseurs pour faire des battues lorsque des loups se font voir dans un canton. — 2 Un tertre, une petite colline. — 3 Qu'il est en retard.

encore, en criant : « Eh! Brisquet! » — Et la Bichonne lui sautait jusqu'aux épaules, comme pour lui dire : N'irai-je pas? — Paix ! lui dit Brisquette. — Ecoute, Biscotine, va jusque devers la butte, pour voir si ton père ne revient pas. — Et toi, Biscotin, suis le chemin au long de l'étang en prenant bien garde s'il n'y a pas de piquets qui manquent, et crie fort : « Brisquet! Brisquet!... — Paix là! Bichonne! » Les enfants allèrent, allèrent, et quand ils se furent rejoints à l'endroit où le sentier de l'étang vient couper celui de la butte : « Mordienne, dit Biscotin, je retrouverai notre pauvre père, ou les loups m'y mangeront. — Pardienne, dit Biscotine, ils m'y mangeront bien aussi. »

Pendant ce temps-là, Brisquet était revenu par le grand chemin de Puchay, en passant à la Croix-aux-Anes, sur l'abbaye [1] de Mortemer, parce qu'il avait une hottée [2] de cotrets [3] à fournir chez Jean Paquier. « As-tu vu nos enfants ? lui dit Brisquette. — Nos enfants ? dit Brisquet, nos enfants ? Mon Dieu ! sont-ils sortis ? — Je les ai envoyés à ta rencontre, jusqu'à la butte et à l'étang, mais tu as pris par un autre chemin. » Brisquet ne posa pas sa bonne hache. Il se mit à courir du côté de la butte. « Si tu menais la Bichonne ? » lui cria Brisquette. La Bichonne était déjà bien loin. Elle était si loin, que Brisquet la perdit bientôt de vue. Et il avait beau crier : « Biscotin, Biscotine ! » On ne lui répondait pas. Alors il se prit à pleurer, parce qu'il s'imagina que

1 Couvent ou monastère. — 2 Le contenu d'une hotte. — 3 Petits fagots de bois court et menu.

ses enfants étaient perdus. Après avoir couru longtemps, longtemps, il lui sembla reconnaître la voix de la Bichonne. Il marcha droit dans le fourré [1], à l'endroit où il l'avait entendue, et il y entra sa bonne hache levée. La Bichonne était arrivée là, au moment où Biscotin et Biscotine allaient être dévorés par un gros loup. Elle s'était jetée devant en aboyant, pour que ses abois avertissent Brisquet. Brisquet, d'un coup de sa bonne hache, renversa le loup raide mort, mais il était trop tard pour la Bichonne, elle ne vivait déjà plus. — Brisquet, Biscotin et Biscotine rejoignirent Brisquette. C'était une grande joie, et cependant tout le monde pleura ; il n'y avait pas un regard qui ne cherchât la Bichonne.

1 Endroit de la forêt où il y a beaucoup de petits arbres.

— Brisquet enterra la Bichonne au fond de son petit courtil [1], sous une grosse pierre, sur laquelle le maître d'école écrivit en latin :

C'est ici qu'est la Bichonne,
Le pauvre chien de Brisquet.

CH. NODIER.

XI

La Tempête apaisée

Un jour étant monté dans une barque avec ses disciples, Jésus leur dit : Passons à l'autre bord du lac [2].

Pendant la traversée, il s'endormit. Une violente tempête s'éleva tout-à-coup ; la

1 Jardin. — 2 Le lac de Génésareth ou Mer de Galilée. Il est aussi appelé lac de Tibériade, du nom d'une ville voisine. Il a 25 kilomètres de long et 5 de large. Célèbre par plusieurs miracles de N.-S. J.-C.

barque s'emplissait d'eau et ils étaient en danger de périr.

Ils s'approchèrent de Jésus et le réveillèrent en lui disant : « Maître, nous périssons ! » Jésus se leva, parla avec menaces aux vents et aux flots : ils s'apaisèrent et le calme revint.

Alors il dit à ses disciples : « Pourquoi avez-vous eu peur ? Où est votre foi ? » Mais remplis de crainte et d'admiration, ils se disaient l'un à l'autre : « Quel est donc celui-ci à qui les vents et les flots obéissent ? »

ÉVANGILE DE St-LUC.

XII

Les Insectes venimeux [1].

Un jour, pendant la classe, le petit Emile avait demandé la permission de sortir. Quelques minutes après, il ouvrit

1 Qui ont du venin.

brusquement la porte de l'école en poussant des cris, trépignant [1] des pieds et se frottant le visage des deux mains. Il venait d'être piqué par plusieurs abeilles.

Notre jeune écolier avait profité de sa permission pour ouvrir la porte du jardin de l'instituteur, et, en franc étourdi, il avait voulu voir de trop près ce que faisaient les mouches à miel. On dit même qu'il avait introduit une baguette dans la petite porte d'entrée de la ruche [2]. Les abeilles se fâchèrent de cette indiscrétion. Trois ou quatre piquèrent le pauvre garçon, qui aux joues, qui aux mains. Il jetait des cris à fendre l'âme, il se croyait perdu. L'instituteur eut toutes les peines

1 Il battait des pieds contre terre d'un mouvement prompt et fréquent. — 2 La *ruche* est le panier où l'on met les abeilles, et l'abri où l'on place les ruches se nomme *rucher*.

du monde à le consoler. Des compresses [1] d'eau fraîche finirent par calmer ses cuisantes douleurs.

Paul. — L'abeille est donc venimeuse?

L'Instituteur. — Emile pourrait vous le dire.

Paul. — La guêpe alors aussi? Une m'a piqué dans le temps, comme je voulais la chasser d'une grappe de raisin. Est-il possible qu'une bête aussi petite vous fasse tant de mal! Il me semblait avoir le feu dans les mains.

L'Instituteur. — Effectivement la guêpe est venimeuse, plus encore que l'abeille, car sa piqûre cause une plus vive douleur. Les bourdons [2] le sont encore, ainsi que les frelons, ces grosses guêpes roussâtres,

1 Linges en plusieurs doubles qu'on met sur une plaie. — 2 Espèce de grosse abeille.

de quelques centimètres de long, qui viennent quelquefois ronger les poires du verger. C'est des frêlons surtout, mes petits amis, qu'il faut se méfier. Une seule de leurs piqûres, une seule, vous rendrait des heures durant fous de douleur.

Tous ces insectes ont, pour leur défense, une arme qu'on appelle dard ou aiguillon. C'est une lame très-pointue, plus fine que la plus fine aiguille. Ce dard est placé au bout du ventre de l'animal. La piqûre qu'il produit est si subtile [1] que nous ne pouvons la voir. Ce n'est pas le dard qui produit la douleur ; mais il est en communication avec une poche à venin logée dans le corps de la bête, et au moyen de l'aiguillon une gouttelette de ce terrible liquide [2] est conduite au fond de la blessure.

1 Si fine, presqu'imperceptible.— 2 Le venin de l'abeile.

Paul. — Comment sait-on que ce n'est pas l'aiguillon qui est la cause de la douleur et de l'enflure ?

L'Instituteur. — Pour le prouver, des savants ont trempé la pointe d'une aiguille dans la poche à venin de l'abeille, et de cette pointe se sont fait une légère piqûre. Eh bien ! la douleur a été bien plus forte et bien plus longue que si l'insecte avait lui-même piqué. Cela provient de ce que l'aiguille introduit dans la plaie bien plus de venin que ne peut le faire le délicat aiguillon de l'abeille.

C'est donc l'introduction du venin dans la blessure qui est cause de tout le mal. Avez-vous compris, Emile ? Emile ne dit rien et baissa les yeux. Il n'avait que trop bien compris la leçon.

Fabre.

QUATRIÈME PARTIE

I.

La Cigale et la Fourmi.

La cigale [1] ayant chanté
Tout l'été,
Se trouva fort dépourvue
Quand la *bise* [2] fut venue :
Pas un seul petit morceau
De mouche ou de *vermisseau* [3].

1 La cigale est un insecte assez semblable à la sauterelle, mais elle ne saute pas comme celle-ci. Le mâle seul chante. C'est un insecte des pays chauds, fréquent dans le midi de la France. Une espèce très-singulière, dont le chant est assourdissant, reparaît tous les dix-sept ans en Pensylvanie (Amérique).

2 Vent sec et froid qui souffle du nord; on l'appelle poétiquement aquilon.

3 La Fontaine fait erreur : la cigale n'est pas un insecte carnassier; elle se nourrit de la sève des arbres et des arbustes.

Elle alla crier famine
Chez la fourmi sa voisine,
La priant de lui prêter
Quelque grain pour *subsister*
Jusqu'à la *saison nouvelle.*
Je vous paierai, lui dit-elle,
Avant l'*oût*, foi d'animal [1],
Intérêt et *principal.*
La fourmi n'est pas prêteuse :
C'est là son moindre défaut [2].
Que faisiez-vous au temps chaud ?
Dit-elle à cette emprunteuse.
Nuit et jour à tout *venant*
Je chantais, ne vous déplaise.
Vous chantiez ! j'en suis fort aise.
Eh bien ! dansez maintenant [3].

---

1 Avant le mois d'août, époque de la moisson.

2 Elle est bien loin d'avoir ce défaut.

3 Le ton de cette leçon de prévoyance est bien ironique.

II

Le Corbeau et le Renard.

Maître corbeau, sur un arbre *perché*,
Tenait en son bec un fromage.
Maître renard, par l'odeur *alléché* [1],
Lui tint à peu près ce langage :
Hé ! bonjour, *monsieur du* [2] *Corbeau !*
Que vous êtes joli ! *que* vous me semblez beau !
Sans mentir, si votre *ramage*
Se *rapporte* à votre plumage,
Vous êtes le *phénix* [3] des *hôtes de ces bois.*
A ces mots le corbeau ne se sent pas de joie ;

1 Attiré par l'odeur.

2 En bon flatteur il s'adresse à la vanité du corbeau qu'il anoblit.

3 Le Phénix. Oiseau fabuleux auquel les Égyptiens attribuaient une existence de six cents ans. Lorsqu'il sentait sa fin approcher, il se construisait un bûcher que les rayons du soleil enflammaient ; un nouveau Phénix naissait des cendres du premier. On lui supposait la taille de l'aigle avec un plumage éclatant.

Au figuré, *phénix* signifie une personne d'un mérite extraordinaire.

Et pour montrer sa belle voix,
Il ouvre un large bec, laisse tomber sa *proie.*
Le renard s'en saisit, et dit : Mon bon monsieur,
Apprenez que tout flatteur
Vit aux dépens de celui qui l'écoute :
Cette leçon vaut bien un fromage, sans doute.
Le corbeau, honteux et *confus* [1],
Jura, mais un peu tard, *Qu'on ne l'y prendrait plus.*

III

La Grenouille qui veut se faire aussi grosse que le Bœuf.

Une grenouille vit un bœuf.
Qui lui sembla de belle taille.
Elle, qui n'était pas grosse en tout comme un œuf,
Envieuse, s'étend et s'enfle, et se *travaille*
Pour égaler l'animal en grosseur;
Disant : Regardez bien, ma sœur;
Est-ce assez? dites-moi ; n'y suis-je point encore?
Nenni.—M'y voici donc. Point du tout.—M'y voilà ?

1 Il reconnaissait sa sottise d'avoir écouté le langage trompeur du renard.

Vous n'en approchez point. La *chétive pécore* [1].
S'enfla si bien qu'elle creva.
Le monde est plein de gens qui ne sont pas plus sages:
Tout *bourgeois* [2] veut bâtir comme les grands [*seigneurs*.]
Tout petit prince a des *ambassadeurs* [3],
Tout *marquis* [4] veut avoir des *pages* [5].

IV

Les deux Mulets.

Deux mulets *cheminaient*, l'un d'avoine chargé,
L'autre portant l'argent de la *gabelle* [6].

1 Le misérable petit animal.

2 Habitant d'un bourg ou d'une ville. Ce mot s'emploie ici avec la signification de personne de condition aisée sans titre de noblesse.

3 Ambassadeur : envoyé d'un roi à un autre.

4 Titre de noblesse qui vient après celui de duc.

5 Autrefois enfant de famille noble attaché pour le service d'honneur à la cour d'un roi ou d'un prince. — De là l'expression : hors depage, qui signifie hors de tutelle, car on n'était page que jusqu'à quatorze ans.

6 Gabelle : Autrefois impôt sur le sel, puis l'impôt indirect en général.

Celui-ci, *glorieux* [1] d'une charge si belle,
N'eût voulu pour beaucoup en *être soulagé*.
Il marchait d'un *pas relevé*,
Et faisait sonner sa sonnette;
Quand l'ennemi se présentant,
Comme il en voulait à l'argent,
Sur le mulet du *fisc* [2] une troupe se jette,
Le saisit au *frein* et l'arrête.
Le mulet, en se défendant,
Se sent percer de coups; il gémit, il soupire.
Est-ce donc là, dit-il, ce qu'on m'avait promis?
Ce mulet qui me suit du danger se retire,
Et moi, j'y tombe et je péris!
Ami, lui dit son camarade,
Il n'est pas toujours bon d'avoir un haut emploi:
Si tu n'avais servi qu'un meunier, comme moi,
Tu ne serais pas si malade.

---

1 Glorieux : fier. — Se prend en bonne et en mauvaise part.

2 Le fisc est le trésor de l'Etat.

V

Le Renard et les Raisins.

Certain renard *gascon* [1], d'autres disent *normand* [2]
Mourant presque de faim, vit au haut d'une *treille*
Des raisins, mûrs apparemment,
Et couverts d'une peau vermeille.
Le *galant* [3] en eût fait volontiers un repas;
Mais comme il n'y pouvait atteindre :
Ils sont trop verts, dit-il, et bons pour des *goujats* [4].
Fit-il [5] pas mieux que de se plaindre?

---

1 Les proverbes ont fait du gascon le type du hableur vaniteux.

2 Le Normand passe pour aimer la chicane et les procès.

3 Le rusé, le malin.

4 Les goujats étaient autrefois des valets d'armée. C'est aujourd'hui un terme de mépris.

5 Tournure assez commune au temps de Lafontaine. On dit préférablement aujourd'hui : Ne fit-il pas mieux?

VI

Le Loup et l'Agneau.

La raison du plus fort est toujours la meilleure [1].
Nous l'allons montrer [2] tout à l'heure.
Un agneau *se désaltérait*
Dans le courant d'une *onde* pure.
Un loup survient à jeun, qui *cherchait aventure*,
Et que la faim en ces lieux attirait.
Qui te rend si hardi de troubler mon *breuvage*?
Dit cet animal plein de rage :
Tu seras châtié de ta témérité.
Sire [3], répond l'agneau, que votre *Majesté* [3]
Ne se mette pas en colère.
Mais plutôt qu'elle considère
Que je me vas [4] désaltérant
Dans le courant,

1 C'est un fait d'observation et non une vérité de droit.

2 On dirait aujourd'hui : nous allons le montrer.

3 Sire, Votre Majesté : titres de dignité que l'on emploie en parlant aux Souverains.

4 *Je me vas* pour *je me vais ;* cette forme de verbe *aller* était assez employée autrefois.

Plus de vingt pas au-dessous d'elle;
Et que, par conséquent, en aucune façon,
Je ne puis troubler sa boisson.
Tu la troubles! reprit cette bête cruelle;
Et je sais que de moi tu *médis* l'an passé.
Comment l'aurai-je fait si je n'étais pas né?
Reprit l'agneau; je tette encore ma mère.—
Si ce n'est toi, c'est donc ton frère,—
Je n'en ai point.—C'est donc quelqu'un des *tiens*.
Car vous ne m'épargnez guère,
Vous, vos bergers et vos chiens.
On me l'a dit: il faut que je me venge.
Là-dessus, au fond des forêts
Le loup l'emporte, et puis le mange,
Sans autre forme de procès [1].

VII

Le Singe et le Chat.

Bertrand avec Raton, l'un singe et l'autre chat,
Commensaux [2] d'un logis, avaient un commun [maître.]

1 Sans formalité.

2 Les commensaux sont ceux qui mangent ensemble à la même table.

D'animaux malfaisants c'était un très-bon plat [1];
Ils n'y craignaient tous deux aucun [2], quel qu'il
[pût être.]
Trouvait-on quelque chose au logis de gâté,
L'on ne s'en prenait point aux gens du voisinage :
Bertrand dérobait tout; Raton, de son côté,
Etait moins attentif aux souris qu'au fromage.
Un jour, au coin du feu, nos deux maîtres fripons
Regardaient rôtir des marrons.
Les *escroquer* [3] était une très-bonne affaire :
Nos galants y voyaient double profit à faire;
Leur bien premièrement, et puis le mal d'autrui.
Bertrand dit à Raton : Frère, il faut aujourd'hui
Que tu fasses un coup de maître;
Tire-moi ces marrons. Si Dieu m'avait fait naître
Propre à tirer marrons du feu,
Certes, marrons verraient beau jeu.
Aussitôt fait que dit : Raton, avec sa patte,
D'une manière délicate,

1 On dit par ironie : *voilà un bon plat*, en parlant de quelques personnes de mauvaise conduite qui sont ensemble.

2 Personne ne les surpassait à mal faire.

3 Les dérober par artifice.

Ecarte un peu la cendre et retire les doigts ;
Puis les reporte à plusieurs fois ;
Tire un marron, puis deux, et puis trois en [escroque :]
Et cependant Bertrand les croque.
Une servante vient : Adieu mes gens. Raton
N'était pas content, ce dit-on.

VIII

Le Loup et la Cigogne [1].

Les loups mangent *gloutonnement* [2].
Un loup donc étant de *frairie* [3]
Se pressa, dit-on, tellement
Qu'il en pensa perdre la vie :

1 Oiseau de haute taille qui vit au bord des rivières et qui se nourrit de poissons et de reptiles. Il quitte tous les ans l'Europe, en automne, pour émigrer en Afrique et surtout en Egypte où l'attirent les inondations du Nil.

2 Avidement.

3 Mot tombé en désuétude, qui signifie partie de bonne chère, régal, festin,

Un os lui demeura bien avant au gosier.
De bonheur [1] pour ce loup, qui ne pouvait crier,
Près de là passe une cigogne.
Il lui fait signe; elle accourt.
Voilà *l'opératrice* aussitôt *en besogne.*
Elle retira l'os ; puis, pour un si bon tour,
Elle demanda son *salaire.*
Votre salaire! dit le loup :
Vous riez, ma bonne *commère!*
Quoi ! ce n'est pas encore beaucoup
D'avoir de mon gosier retiré votre cou?
Allez, vous êtes une ingrate :
Ne tombez jamais sous ma patte.

IX

Le Renard et la Cigogne.

Compère le renard *se mit un jour en frais,*
Et retint à dîner commère la cigogne.
Le *régal* fut petit et sans beaucoup *d'apprêts* :
Le *galant,* pour toute besogne,

1 Par bonheur pour ce loup.

Avait un *brouet* [1] clair ; il vivait *chichement* [2].
Ce brouet fut par lui servi sur une assiette.
La cigogne au long bec n'en put attraper miette ;
Et le drôle eut lapé le tout en un moment.
Pour se venger de cette tromperie,
A quelque temps de là, la cigogne le prie.
Volontiers, lui dit-il ; car avec mes amis
Je ne fais point cérémonie.
A l'heure dite, il courut au logis
De la cigogne, son *hôtesse ;*
Loua très-fort sa politesse ;
Trouva le dîner cuit *à point* [3].
Bon appétit surtout ; renards n'en manquent point.
Il se réjouissait à l'odeur de la viande.
Mise en *menus* morceaux, et qu'il croyait *friande.*
On servit, pour l'embarrasser,

1 Brouet : Aliment liquide, sorte de purée. Le brouet noir des spartiates est célèbre ; il était servi dans les repas publics ordonnés par Lycurgue leur législateur. C'était un mets peu appétissant sur la composition duquel on n'est pas d'accord ; on croit qu'il était fait de sang, de sel et de vinaigre.

2 Avec une économie très-serrée.

3 Juste comme il fallait.

En un vase à long *col* et d'étroite *embouchure.*
Le bec de la cigogne y pouvait bien passer,
Mais le museau du *sire* [1] était d'outre mesure.
Il lui fallut à jeun retourner au logis,
Honteux comme un renard qu'une poule aurait pris,
  Serrant la queue et portant bas l'oreille.

  Trompeurs, c'est pour vous que j'écris :
  Attendez-vous à la pareille.

X

Le Renard et le Bouc.

Capitaine renard allait de compagnie
Avec son ami bouc des plus haut *encornés* :
Celui-ci ne voyait pas plus loin que son nez ;
L'autre était passé maître en fait de tromperie.
La soif les obligea de descendre en un puits :
  Là, chacun d'eux se désaltère.
Après qu'abondamment tous deux en eurent pris,
Le renard dit au bouc : Que ferons-nous, compère?
Ce n'est pas tout de boire, il faut sortir d'ici.
Lève tes pieds en haut, et tes cornes aussi ;

1 Le mot *sire* est employé ici ironiquement.

Mets-les contre le mur : le long de ton *échine* [1]
Je grimperai premièrement;
Puis sur tes cornes m'élevant,
A l'aide de cette machine,
De ce lieu-ci je sortirai,
Après quoi je t'en tirerai.
Par ma barbe [2] ! dit l'autre, il [3] est bon ; et je loue
Les gens bien sensés comme toi.
Je n'aurais jamais, quant à moi,
Trouvé ce secret, je l'avoue.
Le renard sort du puits, laisse son compagnon,
Et vous [4] lui fait un beau sermon
Pour l'exhorter à patience.
Si le ciel t'eût, dit-il, donné par excellence
Autant de jugement que de barbe au menton,

1 Colonne vertébrale, colonne osseuse du dos de l'homme et des animaux ; elle est formée d'os appelés vertèbres.

2 Les anciens juraient par la barbe de Jupiter, le bouc qui a du poil au menton jure par la sienne.

3 *Il est bon* pour *cela est bon*.

4 *Vous* est un explétif, comme dans cette phrase vulgaire : chassez-moi ces gens-là.

Tu n'aurais [1] pas, *à la légère,*
Descendu dans ce puits. Or, adieu ; j'en suis hors [2].
Tâche de t'en tirer, et fait tous tes efforts ;
Car pour moi, j'ai certaine affaire
Qui ne me permet pas d'arrêter en chemin.
En toute chose il faut considérer la fin.

XI

Le Héron [3].

Un jour, sur ses longs pieds, allait je ne sais où,
Le héron au long bec *emmanché* d'un long cou :
Il *côtoyait* une rivière.
L'onde était *transparente* ainsi qu'aux plus beaux [jours :]
Ma commère la carpe y faisait mille tours
Avec le brochet son compère.
Le héron en eût fait aisément son profit :
Tous approchaient du bord ; l'oiseau n'avait qu'à [prendre.]

1 Le verbe *descendre* se conjugue avec *avoir* quand il marque spécialement une *action*. D'ordinaire il se conjugue avec l'auxiliaire *être*.

2 Dehors.

3 Oiseau aquatique assez commun en France.

Mais il crut mieux faire d'attendre
Qu'il eût un peu plus d'appétit :
Il *vivait de régime* [1], et mangeait à ses heures.
Après quelques moments l'appétit vint : l'oiseau,
S'approchant du bord, il vit sur l'eau
Des tanches [2] qui sortaient du fond de ces demeures.
Le mets ne lui plut pas ; il s'attendait à mieux,
Et montrait un goût dédaigneux
Comme le rat du bon Horace [3].
Moi, des tanches ! dit-il : moi, héron, que je fasse
Une si pauvre chère ! Et pour qui me prend-on ?

1 Il vivait de régime : Il ne mangeait, pour des motifs de santé, qu'à des heures bien régulières.

2 La tanche et le goujon sont deux poissons qui ont quelque ressemblance ; ils ne diffèrent guère que par la taille.

Le brochet est un poisson de proie, appelé à cause de sa voracité le *requin des rivières*.

La carpe est un poisson renommé pour sa prodigieuse fécondité ; elle habite nos rivières.

3 Horace, poète latin, qui dans une fable met en scène le Rat de ville visitant son pauvre ami le Rat des champs. Un reste de lard à demi-rongé, des pois chiches et un peu d'avoine ne furent point du goût du citadin.

La tanche rebutée, il trouva du goujon.
Du goujon ! c'est bien là le dîner d'un héron !
J'ouvrirais pour si peu le bec ! aux dieux ne plaise !
Il l'ouvrit pour bien moins : tout alla de façon
Qu'il ne vit plus aucun poisson.
La faim le prit : il fut tout heureux et tout aise
De rencontrer un limaçon.

Ne soyons pas si difficiles :
Les plus *accommodants*[1], ce sont les plus habiles ;
On hasarde de perdre en voulant trop gagner,
Gardez-vous de rien dédaigner
Surtout quand vous avez à peu près votre compte.

XII

Le Laboureur et ses Enfants.

Travaillez, prenez de la peine :
C'est le *fonds* qui manque le moins.
Un riche laboureur, sentant sa mort prochaine,
Fit venir ses enfants, leur parla sans témoins.

1 *Les plus accommodants* : les plus aisés à traiter, les plus faciles de caractère.

Gardez-vous, leur dit-il, de vendre l'héritage
Que nous ont laissé nos parents ;
Un trésor est caché dedans.
Je ne sais pas l'endroit ; mais un peu de courage
Vous le fera trouver : vous en viendrez à bout.
Remuez votre champ dès qu'on aura fait l'*oût* [1] :
Creusez, fouillez, bêchez, ne laissez nulle place
Où la main ne passe et [2] repasse.
Le père mort, les fils vous [3] retournent le champ,
Deçà, delà, partout ; si bien qu'au bout de l'an
Il en rapporta davantage.
D'argent, point de caché. Mais le père fut sage
De leur montrer, avant sa mort,
Que le travail est un trésor.

---

1 La moisson.

2 La négation est supprimée devant le second verbe à cause de la mesure du vers.

3 *Vous* est explétif comme dans la fable du Renard et du Bouc : *il vous lui fait un beau sermon.*

XIII

Le Gland et la Citrouille.

Dieu fait bien ce qu'il fait. Sans en chercher la
En tout cet univers, et l'aller parcourant, [preuve]
Dans les citrouilles je la treuve [1].
Un villageois, considérant
Combien ce fruit est gros et sa tige *menue* :
A quoi songeait, dit-il, *l'auteur* de tout cela ?
Il a bien mal placé cette citrouille-là !
Eh parbleu ! je l'aurais pendue
A l'un des chênes que voilà ;
C'eût été justement l'affaire :
Tel fruit, tel arbre, pour bien faire.
C'est dommage Garo [2], que tu n'es point entré
Au conseil de celui que prêche ton curé ;
Tout en eût été mieux : car pourquoi, par [exemple,]

1 Treuve, employé autrefois pour trouve.

2 C'est le nom du villageois ; il devient important à ses propres yeux tant il se trouve d'esprit et il s'adresse la parole,

Le gland qui n'est pas gros comme mon petit doigt,
Ne pend-il pas en cet endroit?
Dieu s'est mépris : plus je contemple
Ces fruits ainsi placés, plus il semble à Garo
Que l'on a fait un quiproquo [1].
Cette réflexion embarrassant notre homme :
On ne dort point, dit-il, quand on a tant d'esprit ;
Sous un chêne aussitôt il va prendre son *somme* [2].
Un gland tombe : le nez du dormeur en *pâtit.*
Il s'éveille ; et, portant la main sur son visage,
Il trouve encor [3] le gland pris au poil du menton.
Son nez meurtri le force à changer de langage.
Oh ! oh ! dit-il, je saigne ! et que serait-ce donc
S'il fût tombé de l'arbre une masse plus lourde,
Et que ce gland eût été *gourde* [4] ?
Dieu ne l'a pas voulu : sans doute il eût raison ;
J'en vois bien à présent la cause.
En louant Dieu de toute chose,
Garo retourne à la maison.

1 *Quiproquo*, méprise, erreur.
2 *Son somme*, son repos, son sommeil.
3 Les poètes écrivent encor au lieu d'*encore*.
4 Espèce de citrouille.

XIV

Le Singe qui montre la lanterne magique [1].

Un homme qui montrait la lanterne magique
Avait un singe, dont les tours
Attiraient chez lui grand concours :
Jacqueau, c'était son nom, sur la corde élastique
Dansait et voltigeait au mieux,
Puis faisait le saut périlleux,
Et puis sur un cordon, sans que rien le soutienne,
Le corps droit, fixe d'aplomb,
Notre Jacqueau fait tout du long
L'exercice à la prussienne [2].
Un jour qu'au cabaret son maître était resté
(C'était, je pense, un jour de fête),
Notre singe en liberté
Veut faire un coup de sa tête ;

1 Instrument au moyen duquel on projette, dans une salle obscure, sur un mur ou sur une toile, des tableaux peints en petit sur des plaques de verre.

2 Les exercices militaires des Prussiens sont très-compliqués et surchargés de détails minutieux.

Il s'en va rassembler les divers animaux
Qu'il peut rencontrer dans la ville :
Chiens, chats, poulets, dindons, pourceaux,
Arrivent bientôt à la file.
Entrez, entrez, Messieurs, criait notre Jacqueau ;
C'est ici, c'est ici qu'un spectacle nouveau
Vous charmera gratis. Oui, messieurs, à la porte
On ne prend point d'argent, je fais tout pour [l'honneur.]
A ces mots chaque spectateur
Va se placer, et l'on apporte
La lanterne magique ; on ferme les volets,
Et par un discours fait exprès,
Jacqueau prépare l'auditoire.
Ce morceau vraiment oratoire
Fit bâiller, mais on applaudit.
Content de son succès, notre singe saisit
Un verre peint qu'il met dans sa lanterne.
Il sait comment on le gouverne,
Et crie en le poussant : Est-il rien de pareil?
Messieurs, vous voyez le soleil,
Ses rayons et toute sa gloire.
Voici présentement la lune ; et puis l'histoire
d'Adam, d'Eve et des animaux.....

Voyez, Messieurs, comme ils sont beaux !
Voyez la naissance du monde ;
Voyez.... Les spectateurs, dans une nuit profonde,
Ecarquillaient leurs yeux et ne pouvaient rien voir ;
L'appartement, le mur, tout était noir.
Ma foi, disait un chat, de toutes les merveilles
Dont il étourdit nos oreilles,
Le fait est que je ne vois rien.
Ni moi non plus, disait un chien.
Moi, disait un dindon, je vois bien quelque chose,
Mais je ne sais pour quelle cause
Je ne distingue pas très-bien.
Pendant tous ces discours, le Cicéron [1] moderne
Parlait éloquemment, et ne se lassait point.
Il n'avait oublié qu'un point,
C'était d'éclairer sa lanterne.

FLORIAN.

1 Orateur latin très-célèbre.

TABLE DES MATIÈRES

Première Partie.

Deuxième Partie.

Troisième Partie.

Quatrième Partie.

Metz, imp. de Ch. Thomas, rue Jurue, 1.

www.ingramcontent.com/pod-product-compliance
Ingram Content Group UK Ltd.
Pitfield, Milton Keynes, MK11 3LW, UK
UKHW022109190726
13855UKWH00002B/737

9 782013 073547